भाई जीबिले अकन्नी संदेश ऑडियो लिंक के साथ :

सेवकाई में होने का सौभाग्य ; उनके ज्ञान की सुगंध ; और महान आमंत्रण

गिबिले अकन्नी

संकलनकर्ता: राजदूत मंडे ओ. ओगबे

विषयसूची

लेखक के बारे में

22 जून को जन्मे डैडी गबिले अकन्नी, जिन्हें लोकप्रिय रूप से ब्रो गबिले अकन्नी कहा जाता है, एक नाइजीरियाई उपदेशक, लेखक और विश्व के प्रसिद्ध शिक्षक हैं। उनके पास एक अंतर-संप्रदायिक फ़ेलोशिप है जो सभी पृष्ठभूमि के ईसाइयों को आकर्षित करती है। वह कोई चर्च नहीं चलाते; वह एक घुमंतू उपदेशक हैं जो निमंत्रण पर एक संप्रदाय से दूसरे संप्रदाय में जाते हैं।

अपनी सादगी और खुद को "ग्बोको से भाई गबिले अकन्नी" के रूप में पेश करने की प्राथमिकता के लिए लोकप्रिय, वह पूरे देश में युवा और वृद्‌ध दोनों के लिए एक मार्गदर्शक हैं। वह पा एल्टन द्‌वारा अनुशासित ईसाई नेताओं की नस्ल में से एक हैं, जो पवित्र आत्मा के माध्यम से पृथ्वी के छोर तक ईश्वर के राज्य का संदेश ले जाते हैं।

गिबिले अकानी का जन्म ओयो राज्य के ओग्बोमोशो के मासिफा में एक “इफ़ा” (मूर्तिपूजक) परिवार में हुआ था।

उन्होंने इबादान विश्वविद्यालय से स्नातक की उपाधि प्राप्त की और बैपटिस्ट स्टूडेंट फेलोशिप के पूर्व छात्र हैं।
वह अपने आध्यात्मिक पालन-पोषण का श्रेय अपने बचपन के मित्र (रेव. डॉ. इूरोसिनजेसु अयानरिनोला) की दादी को देते हैं, जो हमेशा उनके लिए प्रार्थना करती रहती थीं कि वे अपने अंधकारमय परिवार में एक चमकती हुई ज्योति बनें।
"वह मुझे और मेरे बहुत ही करीबी दोस्त, इूरोसिनजेसु, जो उनका अपना पोता है, को 1970 और 1973 के बीच हर सुबह अपने घुटनों पर लाती थी, स्कूल जाने से पहले गहरी प्रार्थना और मध्यस्थता के लिए और दोपहर में हमारे लौटने पर, वह हमें फिर से अपनी कमर के चारों ओर इकट्ठा करती थी और अधिक प्रार्थना और धन्यवाद के लिए। वह चाहती थी और प्रार्थना करती थी कि मैं अपने बहुत ही अंधकारमय परिवार से "चमकता हुआ प्रकाश" बनूँ। जब घर पर मुझे सताया जाता था, तो वह एक "शरण" थी, जहाँ मैं भाग सकता था, जिसके शब्दों में सुखदायक आश्वासन था, "अकन्नी, तुम्हारे पिता को बुरा मत मानना... वे भी उन चीजों को छोड़ देंगे, जैसे मैंने अपनी मूर्ति पूजा छोड़ दी थी। मुझे चारों ओर से धमकाया गया, लेकिन मैंने अपने दिल में ठान लिया, मैं यीशु को अस्वीकार नहीं करूँगा। जब तक मैं मर नहीं जाता, मैं हमेशा उनकी सेवा करता रहूँगा।"

डैडी गबिले अकन्नी एक ऐसे व्यक्ति हैं जिन्हें बाइबल की बहुत अच्छी समझ है। वे 'लिविंग सीड' (एक साप्ताहिक संगति सभा) नामक मंत्रालय का नेतृत्व करते हैं, जिसका केंद्र गबोको, बेनुए राज्य नाइजीरिया में है, जहाँ वे रहते हैं।

यह मंत्रालय अंतर-संप्रदायिक है और देश के हर राज्य तक पहुंचता है। हर साल दिसंबर में होने वाले उनके मंत्रियों के नेतृत्व रिट्रीट में न केवल चर्च बल्कि सभी क्षेत्रों के 15,000 नेता शामिल होते हैं

अपने साथी "लिविंग सीड" में, गबिले अकन्नी सालाना आधार पर मंत्रियों के नेतृत्व रिट्रीट का आयोजन करते हैं। हर साल हज़ारों लोग इस जगह पर आते हैं। इससे कोई फ़र्क नहीं पड़ता कि उनकी उत्पत्ति, पृष्ठभूमि या कहानी क्या है। कोई भी व्यक्ति जो ईश्वर की तलाश करता है, वह गबिले अकन्नी के उपदेशों में उसे पा सकता है। श्री अकन्नी ने एक चर्च नहीं बनाया, बल्कि एक ऐसी जगह बनाई जहाँ विश्वासी ईश्वर के वचन की मदद से धर्मी शिष्य बन जाते हैं।

डैडी गबिल अकन्नी विश्वासियों को शिष्य बनाने के लिए प्रतिबद्ध हैं। उनके पास परमेश्वर के वचन की बहुत गहराई है। उनकी आधिकारिक शिक्षा बहुत चुनौतीपूर्ण और जीवन बदलने वाली है और उन्हें विश्वासियों को केवल यीशु मसीह पर अपना ध्यान केंद्रित करते हुए देखने की गहरी इच्छा है। उनकी ताकत के क्षेत्र शिक्षण और सुसमाचार प्रचार हैं

भाई गिबिले एक मेडिकल डॉक्टर, मम्मी (बहन) साडे अकन्नी से खुशहाल विवाहित हैं, और उनके चार बच्चे हैं और वे पीस हाउस गबोको, बेनुए राज्य, नाइजीरिया, पश्चिम अफ्रीका में रहते हैं।

डैडी (भाई) गबिले अकन्नी की पुस्तकें

एक विपुल लेखक के रूप में, डैडी (भाई) गबिले अकन्नी ने निम्नलिखित पुस्तकें लिखी हैं

- पुरुषत्व की गरिमा
- यीशु जैसा बनना
- महंगी धारणाएँ
- समय पर चेतावनी
- जब परमेश्वर बोलता है
- मौन श्रम
- यीशु जैसा बनना
- ईसाई जीवन की नींव
- मसीही सेवा के लिए परमेश्वर का नमूना
- मुझे एक पेय दे दो
- वैवाहिक संबंध
- ईश्वर की खोज
- अब दो नहीं
- मौन श्रम
- एक बासा हार्ट
- जीवन और सेवकाई के लिए परमेश्वर के संसाधनों का उपयोग करना
- शिष्यत्व की अवधारणा और शर्तों को समझना
- अमिट सौंदर्य
- परमेश्वर अपने पात्र में क्या देखता है
- जब वह आता है
- जब बल के लोगों को अधिक बल की आवश्यकता होती है
- जब स्वर्ग बंद हो जाता है
- हम मरने तक यहीं क्यों बैठे रहें?

लिविंग सीड मीडिया की आधिकारिक वेबसाइट के माध्यम से उनके मंत्रालय के अपडेट का अनुसरण कर सकते हैं।

भगवान ने मुझे पैसे दिए लेकिन मैंने मना कर दिया

साक्षात्कार में मैं सबसे योग्य था। कई पैनलिस्टों को पहले से ही अपनी पत्नियों से मेरे बारे में अच्छी रिपोर्ट मिल चुकी थी, जिन्हें मैंने अपने सेवा वर्ष में "गृह अर्थशास्त्र का भौतिकी" पाठ्यक्रम पढ़ाया था। उन्होंने यहाँ तक पुष्टि की,

"मि. अकानी, आपको नौकरी मिल गई है। हमें वास्तव में आपकी ज़रूरत है और हम आपको चाहते हैं। हमारी पत्नियाँ आपको भौतिकी पढ़ाने के लिए धन्यवाद देती हैं।"

मैंने नियुक्ति पत्र आने का व्यर्थ ही इंतजार किया। दूसरों को नियुक्त किया गया, लेकिन मुझे नहीं। मैं बहुत निराश था क्योंकि मेरे पास कोई "प्लान बी" नहीं था। मेरे पास भगवान के अलावा और कोई रास्ता नहीं था, जिसने मुझे इतने सालों में और खास तौर पर इस मुकाम तक इतनी स्पष्टता से पहुंचाया है।

मैं अभी भी इंतज़ार कर रहा था जब मेरे पास मौजूद सारे पैसे खत्म हो गए और मेरे सारे टॉयलेटरीज़ खत्म हो गए। मेरे पास सिर्फ़ 30 कोबो (नाइजीरियाई मुद्रा में सबसे कम मूल्यवर्ग, जो वास्तव में एक सेंट या पैनी से भी कम है) बचे थे।

मैं इतना निराश हो गया था कि मैंने अपना सामान पैक करके इबादान वापस जाने के बारे में सोचना शुरू कर दिया, जहाँ कई शिष्य मेरे लौटने का इंतज़ार कर रहे थे। एक दोपहर जब मैं प्रार्थना कर रहा था, तो मैंने भगवान से कहा,

"क्या इसलिए कि मेरे पास कहीं जाने के लिए कोई परिवहन किराया नहीं है, इसलिए आप मेरी जिंदगी को इस जगह पर बांध रहे हैं?"

तुरंत ही, परमेश्वर ने एक भाई को प्रेरित किया, जो शहर में एक बैंक में काम करता था, ताकि वह अपने अवकाश के समय मेरे लिए परिवहन का किराया लेकर आए। जब मैं अभी भी घुटनों के बल बैठा था, तो वह मेरे कमरे में आया और बोला,

"भाई गिबाइल, प्रभु ने मुझे यह पैसा तुरंत आपके पास लाने के लिए कहा है और यह उस यात्रा के लिए है जो आप करने वाले हैं। मुझे बैंक में अपनी डेस्क पर वापस जाना है।"

मैं प्रभु के किए पर काँप उठा और पैसे को छूने या भाई से लेने से डरने लगा, क्योंकि मैं देख रहा था कि यह मेरे लिए परमेश्वर की इच्छा के विरुद्ध जाने का एक प्रायोजन था। मैंने भाई से विनती की कि वह पैसे अपने पास रख ले क्योंकि मैं फिर से कोई यात्रा करने के लिए तैयार नहीं था।

जब भाई चला गया, तो मैंने आँसू बहाते हुए प्रभु की ओर देखा और उनसे माफ़ी माँगी। हालाँकि मेरे पास खाने के लिए कुछ नहीं था, फिर भी मैं अपने जीवन के लिए उनकी सिद्ध इच्छा से दूर नहीं जा सकता था। तब परमेश्वर ने मुझसे फिर से बात करना शुरू किया।

"मैं तुम्हें पैसों की कमी के कारण यहाँ नहीं रख रहा हूँ। अगर तुम जाना चाहते हो तो जाने के लिए स्वतंत्र हो।

लेकिन तुम जहां भी जाओ, तुम जो भी कर रहे हो, उपदेश दे रहे हो, गा रहे हो या शिक्षा दे रहे हो, यह मेरे सामने तुम्हारी गुप्त फाइल

में दर्ज हो जाएगा, 'गबिले को बेन्यू राज्य में मेरी सेवा करने के लिए तैनात किया गया था, लेकिन वह फरार हो गया है।'
तुम्हारे पास जितना चाहो उतना धन हो सकता है, परन्तु मेरी उपस्थिति तुम्हें नहीं मिलेगी।”
गिबिले अकन्नी द्वारा रचित "ही लीड्स मी" से अंश

उसके ज्ञान की सुगंध

पॉडकास्ट ऑडियो संदेश नीचे दिया गया है:

https://podcasters.spotify.com/pod/show/otakada/episodes/Brother-Gbile-Akanni-Messages--THE-FRAGRANCE-OF-HIS-KNOWLEDGE-e2knmn5

प्रभु जीवन का वचन सामने लाएँ। इसलिए हमें अपनी तैयारी करनी चाहिए ताकि हम उस अवसर को उपलब्ध करा सकें जिसके बारे में परमेश्वर ने उस व्यक्ति के लिए बात की थी। जब परमेश्वर ने यहोशू से बात की और कहा, हम इस कहानी पर चर्चा करेंगे।

जब परमेश्वर ने यहोशू से बात की और कहा, हम इस कहानी पर चर्चा करेंगे। और हमें लोगों को आगे बढ़ाने के लिए तैयार रहना चाहिए। पहली चुनौती शायद यह सोचना था कि शायद यहोशू यह काम खुद ही कर रहा था।

लेकिन जब हमने परमेश्वर की एक पुस्तक का अध्ययन किया, तो हमने पाया कि पुजारी को कई महत्वपूर्ण भूमिकाएँ निभानी होती हैं। और यही वह है जिससे हम शुरुआत करने जा रहे हैं, यानी पुनरुत्थान में महत्वपूर्ण भूमिका निभाने के लिए अपनी खुद की तैयारी। तो चलिए जोशुआ की पुस्तक पर चलते हैं।

जब हम देखते हैं कि यहोशू ने निश्चित मृत्यु ली। अब, यहोशू ने कैसी व्यावहारिक मृत्यु ली। नंबर एक, हमने देखा कि उसने उन सभी चीजों के लिए व्यक्तिगत जिम्मेदारी ली।

जब परमेश्वर ने कहा, इसलिए उठो, तो हमने इसके बारे में कुछ किया। जब भी परमेश्वर कहीं कुछ करना चाहता है, जब वह बोलता है और किसी मनुष्य को अपना मन देता है। तब वह उस मनुष्य से अपेक्षा करता है कि वह आज्ञाकारिता की मृत्यु स्वीकार करे।

यह आज्ञाकारिता की व्यक्तिगत मृत्यु है जो परमेश्वर के उद्देश्य में एक आंदोलन लाती है। इसलिए जब यहोशू ने आध्यात्मिक जिम्मेदारी स्वीकार करने के लिए पहला कदम उठाया। और उसने लोगों को घोषणा की और कहा, अपने आप को विजयी रूप से तैयार करो, क्योंकि तीन दिनों में तुम इस यरदन को पार कर जाओगे।

जब जोशुआ ने आध्यात्मिक जिम्मेदारी स्वीकार करने के लिए पहला कदम उठाया, तो उसने कहा, खुद को विजयी रूप से तैयार करो, क्योंकि तीन दिनों में तुम इस जॉर्डन को पार कर जाओगे। लेकिन ऐसा होने से पहले, लोगों का एक और समूह है जिसे कार्य करना है। और वह है पुजारियों, प्रचारकों का वर्ग।

और इसीलिए हमें खुद के साथ यह विशेष बैठक करने की ज़रूरत है। अगर हम सीधे तौर पर सामना नहीं करेंगे तो हम स्थायी और

स्थायी पुनरुत्थान की उम्मीद नहीं कर सकते। और वास्तव में भूमि की स्थिति हमारे सामना करने की स्थिति से तय होती है।

प्रचारकों, पादरी की आध्यात्मिकता ही मण्डली की आध्यात्मिकता निर्धारित करती है। जब भी परमेश्वर वास्तव में दर्शन देने वाला होता है, तो उसे सबसे पहले प्रचारकों से मिलना चाहिए। तो आइए जोशुआ के अध्याय 3 को लें और इसे एक साथ पढ़ें।

यहोशू अध्याय 3, और मैं चाहता हूँ कि आप इसे पद 1 से देखें। और हम कुछ त्वरित, त्वरित निर्देश लेने जा रहे हैं क्योंकि हमारा समय जिस तरह से चला है। इसलिए मैं दो लोगों से अनुरोध करता हूँ कि वे हमारे लिए पढ़ें। हम किसी को पद 1 से पद 10 तक पढ़ने के लिए कहेंगे।

और फिर हम किसी दूसरे व्यक्ति से कहेंगे कि वह हमारे लिए पद 11 से पद 17 तक पढ़े। और यहोशू सुबह जल्दी उठा, और वे शहर से चले गए और यरदन के पास पहुँचे। वह और इस्राएल के सभी बच्चे तब तक नहीं निकले थे जब तक वे पार नहीं हो गए।

तीन दिन के बाद सरदारों ने घर में जाकर लोगों को यह आज्ञा दी, "जब तुम अपने परमेश्वर यहोवा की वाचा का काम देखो, और याजक उसे स्पष्ट रूप से सुना दें, तब तुम अपने स्थान से उठकर उसके पीछे चलना। परन्तु तुम्हारे और उसके बीच लगभग दो हजार हाथ का अन्तर हो। उसके निकट मत जाना, ताकि तुम जान सको कि तुम्हें किस मार्ग से जाना है।"

क्योंकि तुम लोग पहले कभी इस मार्ग से नहीं गए हो। तब यहोशू ने लोगों से कहा, अपने आप को पवित्र करो, क्योंकि कल यहोवा तुम्हारे मध्य में आश्चर्यकर्म करेगा। तब यहोशू ने याजकों से कहा, वाचा की पुस्तिका उठाओ, और लोगों के आगे आगे चलो।

और वे वाचा का काम लेकर लोगों के आगे-आगे चले। और यहोवा ने यहोशू से कहा, आज से मैं सब इस्राएलियों के सामने तेरी महिमा करना आरम्भ करूँगा, कि वे जानें कि जैसे मैं मूसा के संग था, वैसे ही तेरे संग भी रहूँगा। और अब मैं वाचा का काम उठानेवाले याजकों को यह आज्ञा दूँगा, कि जब तुम यरदन के जल के किनारे पहुँचो, तब यरदन में खड़े रहो।

और यहोशू ने इस्राएलियों से कहा, यहाँ आकर अपने परमेश्वर यहोवा का वचन सुनो। और यहोशू ने कहा, इस से तुम जान लोगे कि जीवित परमेश्वर तुम्हारे मध्य में है, और तुम अपने साम्हने से कनानियों, हित्तियों, हिप्पियों, परिज्जियों, सिदकिय्याहियों, एमोरियों, और यिप्तहियों को निकालना सीखोगे। यहोवा अपनी वाचा के अनुसार काम करेगा।

परन्तु तुम उस पार होकर यरूशलेम में आ गए हो। इसलिये अब तुम इस्राएल के गोत्र के हर एक गोत्र में से बारह पुरूषों को चुन लो। और जैसे ही याजकों के प्राण यहोवा के काम को उठाने वाले होंगे, वैसे ही तुम उस स्थान पर पहुंचोगे।

सारी पृथ्वी का प्रभु यरदन नदी के जल में विश्राम करेगा, और यरदन नदी का जल ऊपर से आने वाले जल से अलग हो जाएगा।

और वे एक पहाड़ी पर खड़े हो जाएंगे। और तुम उस समय आए जब लोग यरदन नदी को पार करने के लिए अपने तंबू से चले गए थे।

और वाचा की पुस्तक के अभिलेख को उठाने वाले याजक लोगों के आगे आगे चले गए। और जब वाचा की पुस्तक के अभिलेख को उठाने वाले याजक यरदन नदी के किनारे पहुँचे, तब वाचा की पुस्तक के अभिलेख को उठाने वाले याजकों के पाँव जल के किनारे में डूबे।

क्योंकि आदम के समय में यरदन नदी अपने किनारों पर उमड़ती रहती थी। ऊपर से आने वाला पानी आदम के शहर से बहुत दूर एक पहाड़ी पर रुक जाता था और ऊपर उठता था। यह यरूशलेम के पास था।

और जो लोग महामारी के समुद्र की ओर अर्थात् खारे समुद्र की ओर आए थे, वे हार गए और नष्ट हो गए। और लोग फिर से यरूशलेम की ओर चले गए। और याजक और यहोवा की वाचा के अभिलेख को ढोने वाले याजक यरदन के बीच सूखी भूमि पर स्थिर खड़े रहे।

और सब इस्राएली सूखी भूमि पर चलते हुए पार हो गए। जब तक कि सब लोग जो पार हो गए थे, यरदन नदी के पार न पहुँचे। यहोवा की स्तुति करो।

अब हमने परमेश्वर के गर्भ के बारे में बहुत ही, बहुत ही, बहुत ही विस्तृत अंश पढ़ा है। इस अध्याय में बहुत कुछ ऐसा है जिस पर

हमें चर्चा करने की आवश्यकता है। हम देखते हैं, जबकि जब मूसा लोगों का नेतृत्व कर रहा था, तो मूसा का नेतृत्व बहुत ही अनोखा था।

वह वास्तव में एक ऐसा व्यक्ति था जिसे परमेश्वर ने, आप जानते हैं, हर काम करने के लिए सहमत किया था। लेकिन यह वह दिव्य प्रतिमान नहीं था जिसे परमेश्वर स्थापित करने जा रहा था। मूसा परमेश्वर का वह व्यक्ति था जब मंदिर, तम्बू, का निर्माण नहीं हुआ था।

परमेश्वर का आदमी जब चर्च नहीं उठ पाया है। अब कृपया मेरी बात ध्यान से सुनिए। क्योंकि कई बार हम बाइबल के पैटर्न को नहीं समझ पाते हैं।

मैं आपसे कहना चाहता हूँ कि परमेश्वर की योजना है कि वह अपने चर्च में आगे बढ़े। चर्च किसी भी स्थान पर पुनःजागृति के लिए परमेश्वर का अभिकरण है। जब चर्च अभी उपलब्ध नहीं है, तब परमेश्वर एक मनुष्य का उपयोग करेगा।

लेकिन भगवान किसी एक आदमी की तलाश में नहीं है। भगवान किसी चमकते सितारे की तलाश में नहीं है। भगवान किसी शरीर की तलाश में है।

मसीह का शरीर। और यह मसीह का शरीर ही है जो महिमा को सहन कर सकता है। यह मसीह का शरीर ही है जिसके माध्यम से परमेश्वर प्रवाहित होना चाहता है।

व्यक्तिगत लोग या व्यक्ति जिनके पास बाहरी शक्ति हो सकती है, ऐसा कहा जा सकता है। और हम सोच सकते हैं कि भगवान इसी की तलाश में है। इसलिए हम हमेशा भगवान के आदमी पर जोर देना चाहते हैं।

हम हमेशा सोचते रहते हैं कि परमेश्वर का कोई एक जन होगा जो आत्मजागृति लाएगा। लेकिन परमेश्वर के कार्य की योजना और पैटर्न ऐसा नहीं है। और परमेश्वर का कोई भी ऐसा जन नहीं है जो इतना अभिषिक्त हो कि वह पृथ्वी पर परमेश्वर का सारा कार्य कर सके।

ऐसा सोचना अनावश्यक रूप से अहंकारी है। यह मत सोचिए कि मैं परमेश्वर का आदमी हूँ जो प्रभारी है। परमेश्वर की योजना और उद्देश्यों में, परमेश्वर अपने शरीर, मसीह के शरीर की तलाश कर रहा है।

वे ही हैं जो महिमा को ले जाएंगे। और यह मसीह का शरीर है जो लाएगा, जिसे जब परमेश्वर देखना चाहेगा, तो वह उसके शरीर को देखेगा। इसलिए जब हम परमेश्वर से जागृति के लिए रो रहे हैं, तो हमें यह समझना होगा कि परमेश्वर हमसे क्या अपेक्षा कर रहा है कि हम अभी से तैयारी शुरू कर दें।

जबकि मूसा एक छड़ी लेकर आया था, क्योंकि वहाँ कोई याजक नहीं थे। क्या तुम मेरी बात सुन रहे हो? वहाँ कोई तम्बू नहीं था। वहाँ कोई तम्बू नहीं था जहाँ महिमा विश्राम करती थी।

तो परमेश्वर ऐसे ही बने रहे। लेकिन जब यह समाप्त होने वाला था, तब परमेश्वर ने पहले ही यह स्थापित करना शुरू कर दिया था कि देश में आराधना का पैटर्न, सेवा का पैटर्न क्या होगा। परमेश्वर ने पहले ही याजकों को ला दिया था।

परमेश्वर ने पहले ही सन्दूक उपलब्ध करा दिया था। आप जानते हैं कि जब मूसा आया था तब कोई सन्दूक नहीं था। जब उसने लाल सागर को तोड़ा था तब भी कोई सन्दूक नहीं था।

जब परमेश्वर ने फिरौन के साथ वैसा व्यवहार किया जैसा परमेश्वर ने किया था, तब कोई सन्दूक नहीं था। उस समय कोई भी वाचा नहीं लिखी गई थी। और परमेश्वर की अपने लोगों को शामिल करने की योजना पूरी नहीं हुई क्योंकि लोगों को समझ में नहीं आया कि परमेश्वर क्या चाहता है।

अब आप समझ गए होंगे कि मुझे आपको यह क्यों दिखाना है। जबकि हम में से बहुत से लोग पीछे की ओर देख रहे होंगे, यह सोचते हुए कि हमारे पास परमेश्वर का एक और बड़ा आदमी आने वाला है जो पूरे देश को हिला देगा। या आप खुद भी सोच रहे होंगे कि आप वह सुपरस्टार हैं जो इस अंतिम समय में उभरेगा और आप हर जगह हिल जाएँगे और आप उत्तर से दक्षिण, पूर्व से पश्चिम, समुद्र और भूमि पर जाएँगे और आपका नाम हर जगह होगा और जब भी आप शहर में प्रवेश करेंगे तो वे हिल जाएँगे।

आपका अपमान किए बिना, परमेश्वर उस आदमी की तलाश नहीं कर रहा है। परमेश्वर पुरुषों और महिलाओं की एक टीम की तलाश

कर रहा है जो एक साथ उसकी महिमा को सहन कर रहे हैं। और यही कारण है कि जिस कदम के लिए हम प्रार्थना कर रहे हैं उसे ठीक से समझना होगा।

इस मामले में हम जिस मुलाकात की तलाश कर रहे हैं, हमें यह समझने की ज़रूरत है कि इसका पैटर्न क्या है। तो चलिए आज के इस अध्याय को जल्दी से लेते हैं और देखते हैं कि हम कितनी दूर तक जा सकते हैं। तो हमें बताया गया है कि यहोशू सुबह जल्दी उठ गया और सभी लोग बैठे हुए उठ गए और वे उसके साथ शामिल हो गए।

वह और इस्राएल के सभी बच्चे मरने से पहले वहाँ ठहरे थे। अगर मूसा के मामले में ऐसा होता, तो हमें क्या करना चाहिए था? हम बस एक चट्टान रख देते और हर कोई वहाँ से निकल जाता। और किसी को कुछ भी करने की ज़रूरत नहीं पड़ती क्योंकि परमेश्वर के आदमी ने चट्टान को उठा रखा है।

लेकिन अब ऐसा नहीं होने वाला है। कुछ और करना होगा। तो क्या हम इस पर गौर कर सकते हैं? पद 3 में, उन्होंने लोगों को यह कहते हुए आज्ञा दी, "जब तुम अपने परमेश्वर यहोवा की वाचा का सन्दूक और याजक को देखो, तब अपने स्थान से उठकर बाहर चले जाना।"

मैं चाहता हूँ कि आप इसे बहुत संक्षेप में देखें। जब हम जॉर्डन को पार करने के लिए उनके स्थान से आगे बढ़े, तो उन्होंने कहा, जब तुम अपने परमेश्वर यहोवा की वाचा का सन्दूक और याजक को

देखोगे, तब तुम अपने स्थान से हटकर बाहर चले जाओगे। जब हम जॉर्डन को पार करने के लिए उनके स्थान से आगे बढ़े, तो उन्होंने कहा, जब तुम अपने परमेश्वर यहोवा की वाचा का सन्दूक और याजक को देखोगे, तब तुम अपने स्थान से हटकर बाहर चले जाओगे।

तो अब, इससे पता चलता है कि यहाँ एक बड़ा मामला है। तो सबसे पहले कौन आगे बढ़ने वाला है? यह एक ऐसा आंदोलन होगा जिसका असर बाकी लोगों पर भी पड़ेगा। यह आंदोलन लोगों से शुरू नहीं होता।

यह आंदोलन कहां से शुरू होता है? यह पुजारियों से शुरू होता है। सिर्फ़ यही नहीं कि हम पुजारियों को देखते हैं। हमें पुजारियों को देखना चाहिए।

उन दिनों, वे वाचा का सन्दूक ले जा रहे थे। सन्दूक में आज्ञा की दो पटलियाँ थीं। परमेश्वर ने कभी भी उस आज्ञा को पहले नहीं रखना चाहा।

वह इसे लोगों के सन्दूक की मेज़ों पर रखना चाहता था। किसी बक्से में नहीं। क्या हम साथ हैं? तो इसका मतलब यह है।

हम पुजारी नहीं हैं, हम एक छाया की सेवा कर रहे हैं। वास्तविकता यहीं है। क्योंकि जब मसीह आया, तो वह उस तत्व से पहले आया था जिसके आधार पर मूसा अब जो कुछ कर रहा था, वह अस्तित्व में आया।

अब, जबकि वे किताबें ले जा रहे थे, वे जो किताबें ले जा रहे थे, वे वही किताबें थीं जिनके अंदर आज्ञाएँ थीं। और यही वह चीज़ है जिसे पुजारियों को ले जाना चाहिए। और जब वे उन्हें चलते हुए देखेंगे, तो लोग चलने का कारण ढूँढ़ लेंगे।

लेकिन हमारे लिए, क्या हमें एक बक्सा लेकर चलना चाहिए? फिर भी हमें कुछ ऐसा सुनना चाहिए जो लोगों को देखना चाहिए। वह क्या है? वह वाचा, वह आज्ञा। वह मेज़।

पत्थरों पर और बर्तनों में रखने के बजाय। इसे मांस बनना चाहिए था। बर्तनों में।

ओह, आप इसे समझ नहीं रहे हैं। अब, भगवान को उन्हें प्रेरित करने के लिए, पुजारियों को भगवान का वचन सुनना चाहिए। उनके जीवन में, यह दिखाई देना चाहिए।

तो जब यीशु आए, तो आप जानते हैं कि यूहन्ना अध्याय 1 में, प्रभु मूसा के द्वारा आए। लेकिन अनुग्रह और सच्चाई यीशु के द्वारा हमारे पास आई। और संसार देहधारी हुआ।

और हम क्या करते हैं? और हम क्या करते हैं? और हम क्या करते हैं? और हम क्या करते हैं? और हम क्या करते हैं? और हम क्या करते हैं? और हम क्या करते हैं? तो पहली चुनौती यह है। वे लोग वहाँ से नहीं जा सकते जहाँ शैतान ने उन्हें रखा है। जब तक वे परमेश्वर के वचन को नहीं देखते जो पुजारी के जीवन में देहधारी हो गया है।

और वे उन पुजारियों को देख रहे हैं जो अपनी जगह से हट गए हैं। बाइबल कहती है कि हम उसकी महिमा देख रहे हैं। पिता की महिमा, परमेश्वर के पुत्र की महिमा।

प्रभु की स्तुति करो। जब झगड़े का समय आया, तो दूसरे कुरिन्थियों ने कहा, क्या हमें खुद की प्रशंसा करने के लिए किसी पत्र की आवश्यकता है? उन्होंने कहा कि हम वह अस्तित्व हैं जो तुम्हारे लिए लिखा गया है, और तुम इसे पढ़ रहे हो। अब मुझे क्षमा करें, श्रीमान।

इससे पहले कि यह जागृति जिसके बारे में हम बात कर रहे हैं, दिखाई दे, परमेश्वर का वचन इस स्थान पर होना चाहिए जहाँ वह अभी है। देखिए वह अपनी बाइबल को किस तरह से उठा रहा है। यह वह चीज़ नहीं है जो इस जागृति को लाने जा रही है।

केवल इस शब्द का धर्मशास्त्र ही इस स्थान को छोड़ेगा जहाँ यह अभी है। और क्योंकि हम जो जानते हैं उसे छू रहे हैं, और हम अब इस स्थान पर हैं, कि लोग अब उसकी महिमा को देखना शुरू कर रहे हैं, जो अब अनुग्रह से भरा है, बस दो साल में, और यह बह रहा है, दो साल में बह रहा है। और उसके कारण, और बाइबल अब कहती है, जब उन्होंने उसे देखा, कि जब आप याजकों को वाचा का सन्दूक ले जाते हुए देखते हैं, और वे अलग-अलग समूहों में से एक में आगे बढ़ रहे हैं, तो यही वह समय है जब आप उन्हें भी इसे देखने देते हैं, और उनका अनुसरण करना शुरू करते हैं।

यह पहली चुनौती है। चुनौती उपदेश देना नहीं है। पहली चुनौती, जो मैं चाहता हूँ, कि परमेश्वर आपको अनुग्रह देने जा रहा है, कि हम परमेश्वर का वचन बोलने में सक्षम न हों, कि वचन हमारे मुँह में न बहे, बल्कि वह वचन हमारे भीतर देह बन जाए, ताकि हम प्रार्थना करें और कुछ लोग एक महिला को रखें और कूदें, ताकि तब हम पूरी मंडली को बता सकें, मेरी ओर देखो।

चर्च को मृत बना देने वाली बात, जो एक गंदी चीज़ बन गई है, हम केवल यही प्रार्थना करते हैं कि लोगों ने बाइबल देखी है। उन्होंने सुंदरता तो देखी है, लेकिन उन्होंने परमेश्वर की महिमा नहीं देखी है। उन लोगों के जीवन में जो वचन का प्रचार कर रहे हैं, हममें से बहुत से लोग अब क्या करने के लिए उत्साहित हैं, लेकिन हमने अपनी खुद की, अपनी पत्नियों की खुद की स्थापना भी की है।

जब कोई व्यक्ति पंक्ति का नेतृत्व करता है, तो वे बात नहीं कर पाते, एक-एक करके कमरे को दोहरा नहीं पाते, क्योंकि वे डरे हुए होते हैं। लेकिन उन्होंने खुद उस महिमा को नहीं देखा है। उन्होंने खुद यीशु को नहीं देखा है।

उन्होंने आपके रूमाल में बाइबल देखी है। उन्होंने आपके द्वारा पहना जाने वाला कसाक देखा है, लेकिन उन्हें अभी भी महिमा देखनी है। और तभी वे प्रतिक्रिया देना शुरू करेंगे।

उनका अस्तित्व कहाँ है? वे अभी भी यहीं हैं, अभी तक। जब यहोशू ने यह वचन बोलना शुरू किया, तो वह परमेश्वर की चाल के लिए

सिद्धांत स्थापित कर रहा था। और हमें इसे अच्छी तरह से समझने की ज़रूरत है।

जैसा कि हम यहाँ पुराने नियम में पढ़ते हैं, अगर हम वास्तव में नए नियम में वापस जाएँ, तो आप देखेंगे कि नए नियम में यह अधिक विस्तृत है। ऐसा इसलिए है क्योंकि यह अधिक विस्तृत है इसलिए हम ऐसा करने जा रहे हैं। लेकिन मैं चाहता हूँ कि हम पहले टोपोलॉजी को समझें।

जैसा कि उन्होंने कहा, टोपोलॉजी। जैसे ही हम इसे अच्छी तरह से देखना शुरू करते हैं, भगवान जो खोज रहे हैं वह हमारे सिद्धांत पर निर्भर करेगा। यह तब होता है जब वे अब अपने प्राणियों के जीवन पर भगवान की महिमा को देख रहे हैं और उन्होंने भी चलना शुरू कर दिया है।

मैं चाहता हूँ कि हम उस श्लोक पर अच्छी तरह से विचार करें। आखिरी पंक्ति। आखिरी पंक्ति।

यहीं पर काम निहित है। यहीं पर वास्तव में काम निहित है। यहीं पर शब्द की जड़ है।

अगर हम इसे पूरे दिल से लें, तो इसका मतलब है कि हम अपने मुंह से परमेश्वर के वचनों को प्रमाणित करना चाहते हैं। और यही वह सटीक कारण है कि हमारे देश में चर्च शक्तिहीन है। चाहे रूढ़िवादी चर्च हों या हाल ही के पेंटेकोस्टल चर्च।

यही कारण है कि चर्च कमज़ोरों की मदद करता है। और यही कारण है कि परमेश्वर की शक्ति अब चर्च में नहीं रहती। आप जानते हैं, हम हर समय विद्यार्थियों के पीछे खड़े होकर लोगों को उपदेश देते रहते हैं।

जिन लोगों को आपने सिखाया, वे आपकी बात सुन रहे हैं। वे पहले कमरे में बैठे पहले लोग हैं। वे पहले कमरे में बैठे लोग हैं।

क्योंकि तुम्हें अभी भी पैसे की जरूरत है। और वे वास्तव में तुमसे शर्मिंदा हैं। क्योंकि तुम्हारी आँखें उनसे मिल रही थीं।

हो सकता है कि वे किसी और काम में भी लगे हों। क्या आप वाकई जानना चाहते हैं कि आपका प्रचार कितना कठिन और प्रभावशाली है? जाकर मण्डली के पीछे बैठ जाएँ। आप देखेंगे कि वे लोग अपनी नाक पीट रहे हैं।

आप अपने प्रचार के समय ऐसे लोगों को पाएँगे। आप कुछ लोगों को अख़बार पढ़ते हुए देखेंगे। आप कुछ लोगों को अपने बच्चों के साथ खेलते हुए पाएँगे।

आप देखेंगे कि कुछ लोग सोते भी हैं। आप देखेंगे कि कुछ लोग भगवान को परेशानियाँ दे रहे हैं। अगर आप कहना चाहें तो, यह क्या चीज़ है? मुझे बहुत परेशानियाँ हो रही हैं।

वे पैसे इकट्ठा करना चाहते हैं। वे कहते हैं, हमारे पास सब कुछ है, पैसे नहीं हैं। वे देते नहीं हैं।

क्या पैसा? अनाथों का हत्यारा। आप इस बारे में क्या सोचते हैं? उनकी समस्या का समाधान हो जाएगा। कि वे अब प्रभु से डरते नहीं हैं।

ऐसा इसलिए है क्योंकि उन्होंने महिमा नहीं देखी है। बाइबल कहाँ है? उन्होंने बाइबल देखी है। और हर कोई बाइबल खरीदने का जोखिम उठा सकता है।

हर कोई बाइबल को अपने साथ लेकर घूमेगा। हर कोई अपनी पसंद की कोई भी पोशाक पहनेगा। हर कोई अपनी पसंद की कोई भी पोशाक नहीं पहनेगा।

लोगों को बदलने के लिए क्या कारण होगा? क्या कारण होगा कि वे जहाँ हैं, वहाँ से एक किताब लेकर आएँ? क्या वे अपने जीवन में परमेश्वर के वचन के प्रति प्रतिक्रिया व्यक्त करेंगे? नहीं। उन्हें अभी भी यह देखना बाकी है। मुझे नहीं पता कि इसे कैसे कहा जाए।

क्या यह सच है? यह क्या है? क्या यह सच है? क्या आप इससे खुश हैं? हाँ। अब, जब आप कहते हैं, मेरी मदद करो। पादरी के पास जाने से पहले, हम अगला कदम ढूँढ़ेंगे।

पादरी हमें अगला कदम बताएंगे। पहले रूप में आने से पहले, आइए जल्दी से दूसरे रूप में जाएं, कम से कम कुरिन्थियों के लिए। जिस काम के लिए हम हस्ताक्षर कर रहे हैं, उससे यह स्पष्ट हो गया है कि हमारी सेवकाई प्रभावी नहीं होगी।

और यह मेरी प्रार्थना है कि हम सभी प्रभु के सामने घुटने टेककर कह सकें कि हम नहीं चाहते कि हमारे जीवन में यह भूमि खराब हो। हम अपने जीवन में सद्भावना के लिए अपने परमेश्वर के पास जाते हैं। अब, आइए दूसरे कुरिन्थियों को लें।

आइए अध्याय 2 पढ़ें। हम अध्याय 2, अध्याय 3, अध्याय 4 से पढ़ेंगे। आप जानते हैं, हम अभी भी यहोशू अध्याय 3 में हैं। यह वही है जिसने हमें उस जगह तक पहुँचाया है जहाँ हम अभी हैं। प्रभु की स्तुति करो। हल्लिलूयाह।

हम यहोशू अध्याय 1 पद 3 में हैं। इसका मतलब है कि परमेश्वर हममें से किसी का भी उपयोग करने के लिए तैयार नहीं है। जिस क्षण उसने कोई रास्ता देखा है, भले ही वह उस रास्ते को ले जाने वाले किसी जानवर द्वारा हो, लेकिन परमेश्वर हमें इस तरह से उपयोग करने का इरादा नहीं रखता है। परमेश्वर की महिमा उसके नाम के कंधे पर टिकी होनी चाहिए।

एक बार जब वह चर्च के लिए प्रवेश द्वार खोलने के लिए आता है, तो एक बार जब हम शैतान की शक्ति को तोड़ना चाहते हैं, तो यह शोर मचाने से नहीं होता है। आप यह देखेंगे। प्रभु की स्तुति करो।

हल्लिलूयाह। क्या हम साथ हैं? हाँ। अब, आइए 2 कुरिन्थियों अध्याय 2 से पढ़ते हैं। आप पद 14 से 17 तक पढ़ेंगे।

अब, अपने प्रभु परमेश्वर की ओर फिरो, जिसने हमें मसीह में मरना सिखाया है, और अपने ज्ञान के प्रतीक को, अर्थात् अपने ज्ञान का कुछ अंश हर जगह हमारे द्वारा प्रकट करो। क्योंकि हमें

मसीह का एक पक्का प्रतीक कहना है, बीमारों में, और नाश होने वालों में। एक के लिए हम मृत्यु के प्रतीक हैं, और दूसरे के लिए जीवन के प्रतीक हैं, और जो इन बातों के लिए पर्याप्त है।

इन बातों के लिए, क्योंकि हम मनुष्य की तरह नहीं हैं, जो परमेश्वर के वचन को भ्रष्ट करते हैं, बल्कि ईमानदारी से, बल्कि परमेश्वर की ओर से, परमेश्वर को देखकर मसीह में बोलते हैं। ठीक है? प्रभु की स्तुति हो। हल्लिलूय्याह।

अब, अगर वे हनुक्काह में मैंने जो कहा था उसे पुनः प्राप्त कर सकते हैं, जब वे हनुक्काह को पुनः प्राप्त कर सकते हैं, तो यह फ़ोन द्वारा नहीं होगा, यह फ़ोन द्वारा नहीं होगा, नहीं। अब आपको जो कुछ भी करना है, फ़ोन खोलिए, प्रभु, और प्रभु से मुझसे पूछिए। आपको जो कुछ भी करना है, हमारे जीवन पर, हर समय, विजयी आनंद में आनन्दित हों।

हमारे जीवन पर, हर समय, विजयी आनंद में आनन्दित हों। यूरोप और अफ्रीका में हमारी जीत बहुत अधिक नहीं है, है न? आप जानते हैं, क्रिस्टी, वे कहते हैं, हम उनके ज्ञान की सुगंध को प्रकट कर रहे हैं। यह सुगंध क्या है, हम शायद इस सुगंध के बारे में बात कर रहे हैं? आपको जो कुछ भी करना है, हम क्या कह रहे हैं? उन्होंने कहा कि उनके ज्ञान की सुगंध, आप सभी जानते हैं, मुझे यह समझ में नहीं आया।

जब हम ज्ञान के बारे में बात कर रहे हैं, और कानून के अनुसार, ज्ञान सिर में है, क्या मैं सही हूँ? जब हम कहते हैं कि यह आदमी

एक प्रतिभाशाली व्यक्ति है, तो हम कैसे जानते हैं? हम कैसे जानते हैं कि यह आदमी एक प्रतिभाशाली व्यक्ति है? जिस तरह से वह बोलता है, जिस तरह से वह बोलता है, जिस तरह से वह बोलता है, जिस तरह से वह बोलता है, वह पूरी तरह से मुझ पर निर्भर होना चाहिए, भगवान। लेकिन भगवान क्या देख रहे हैं, उन्होंने कहा, सिर्फ अपने मुंह से कहने से नहीं, सुगंध का क्या मतलब है? उन्होंने कहा, सुगंध, उनके ज्ञान की सुगंध, आप सभी इसे नहीं समझ रहे हैं। क्या आप जानते हैं? क्या आप जानते हैं कि जब कोई महिला इत्र का उपयोग करती है, तो उसे इसे अपनी पीठ पर लपेटना होगा, या उसे इसे बांधना होगा जैसा कि आपने कहा, इत्र, इससे पहले कि आप इसे सूंघें।

यह बात किसी से भी कहो, जैसे ही वह अंदर आए, वह एक उजागर व्यक्ति की तरह बाहर आए, वह एक उजागर व्यक्ति की तरह बाहर आए, और वापस जाकर देखे, इत्र की खुशबू। जाओ, जाओ, गर्व करो, गर्व करो, भले ही तुम्हारे पास यह सब खोजने के लिए हो, कोई भी तुम्हें परेशान नहीं कर सकता, सुगंध, और हम साथ में, क्या तुम मेरी बात सुन रहे हो? अब, जेल में, मैं उसे चेतावनी नहीं देता, क्या उस महिला को तुम्हारे हाथों में गंध आने से पहले कुछ कहने की ज़रूरत है? मैं तुम्हें बता दूँ, यह एक सुगंध नहीं है, यह एक सुगंध है, यह एक सुगंध है, अगर उसके पास एक इत्र है, तो मैं इसे सुगंध कहूँगा, या वास्तविक इत्र, आप इसके खिलाफ़ दरवाज़ा बंद नहीं कर सकते, इसके खिलाफ़ कुछ भी बंद नहीं किया जा सकता। भले ही तुम रोना चाहो, और बाइबल कहती है, क्योंकि जब तुम गिरते हो, तो वह दिन जाता है, और अगर तुम

दरवाज़ा बंद करते हो, तो तुम एक शर्मनाक महिला हो, यानी, मैं हमारे जीवन पर विजयी परमेश्वर में आनन्दित हूँ, और यह कहता है, यह उनके ज्ञान की सुगंध ला रहा है, और हमें हर जगह, शक्ति में, हमारे माध्यम से इसकी आवश्यकता है।

क्या मैं आपसे कह सकता हूँ, श्रीमान, कृपया इसे खोलें, एक पादरी जो गंध नहीं करता है, और हमारे भगवान का भक्त है, उसे मंच पर होने की कोई आवश्यकता नहीं है, मंच पर होने के लिए, मंच पर होने के लिए, आपके मुँह खोलने से पहले, आपके उपदेश से पहले जो आवश्यक है, वह है आपकी सुगंध, इसलिए हमने देखा कि भगवान जो खोज रहे थे, वह सुगंध लाना नहीं है, भगवान सुगंध की तलाश कर रहे हैं, लेकिन जब भी भगवान किसी व्यक्ति को कहीं भेजते हैं, इस तरह, उस तरह, अपना मुँह खोल रहा है, अधिक मौलिक रूप से, उनकी सुगंध ने हर जगह को भर दिया होगा, और जब आप अपना मुँह खोलेंगे, और आप इसे महसूस कर सकते हैं, तो लोग जान जाएंगे कि कोई आया है, एमएसबी, यह क्या है, यह क्या है, उन्होंने अपना मुँह खोला है, उन्होंने अपना मुँह खोला है, जब भगवान आते हैं, और भगवान उनके साथ जाते हैं, या जिसे भुना गया है, आपको कैसे पता कि यह मामला

मैं इसके लिए भुगतान करने जा रहा हूँ। मैं भुगतान नहीं करना चाहता। मैं भुगतान नहीं करना चाहता।

मैं पैसे नहीं देना चाहता। क्योंकि महिला ने कानून तोड़ा है। पिछले दो दिनों में किसी ने भी इतना कुछ नहीं किया।

वे सभी, सरकार वहाँ नहीं होगी। तो एक नई महिला, बस बर्खास्त कर दी जाएगी। अब मैं आपसे पूछता हूँ, मैं आपको बस एक देता हूँ।

क्या आप जानते हैं कि प्रभु किस बारे में बात कर रहे हैं? चलिए इसे खत्म करते हैं। ताकि आप इसे अच्छी तरह समझ सकें। क्या कोई इसे हमारे लिए पढ़ सकता है? यह NIV बाइबिल से 15 और 16 और 17 था।

क्या आप एनआईवी वन बता सकते हैं? हाँ। ठीक है। क्योंकि हम परमेश्वर के लिए मसीह की सुगंध हैं, उन लोगों के बीच जो बचाए गए हैं, और जो नाश हो गए हैं।

हाँ सर। एक के लिए हम मौत की गंध हैं, दूसरे के लिए जीवन की सुगंध, और जो इस तरह के काम के लिए भगवान है। माफ़ करें।

हाँ सर। आपने क्या कहा? एक काम। दरअसल, वह आपका काम है।

एक प्रचारक का काम क्या है? यही काम है। यही हमारा आह्वान है। ऐसे काम के लिए कौन पर्याप्त है? मसीह की सुगंध फैलाने का काम, ताकि जहाँ कहीं भी परमेश्वर अपना ज्ञान फैलाना चाहे, वह पोस्टर और हाथ की गोली के ज़रिए अपना ज्ञान न फैलाए।

नहीं, नहीं, नहीं। हमने प्रचारकों को बहुत समृद्ध किया है। इसकी वजह से उनका कारोबार खूब फल-फूल रहा है।

अर्थव्यवस्था में, यह प्रगति नहीं होने जा रही है, यह भगवान का काम है। और ऐसा इसलिए है क्योंकि आप कभी बैठकर नहीं सोचते। पोस्टर मत लगाइए।

सभी पोस्टर जो छपे थे, वे कहाँ थे, उनमें से कितने आपके पास पहुँचे हैं? और हमारे चर्चों के पास? इसका कारण यह है कि यह लाभ के लिए परमेश्वर का काम नहीं है। इसके विपरीत, मसीह में, हम परमेश्वर के सामने ईमानदारी से बोलते हैं, जैसे कि परमेश्वर की ओर से दवा। जब पॉल ने यहाँ बोलना शुरू किया, तो उसने कहा, उसने कहा कि लोगों के जीवन को बदलने वाला क्या है, कि जो लोग वास्तव में बचाए जाने वाले हैं, वे बच जाएँगे।

और जो लोग मरने पर आमादा हैं, वे खुद ही तय कर लेंगे कि यह हमारे लिए बहुत तेज़ है। यह सुगंध बहुत तेज़ है। हम इसे नहीं चाहते।

महान निमंत्रण

पॉडकास्ट ऑडियो लिंक नीचे:

https://podcasters.spotify.com/pod/show/otakada/episodes/Brother-Gbile-Akanni-Messages-The-Great-Invitation-e2knmr8

हम आपका धन्यवाद करते हैं क्योंकि आपने हमें एक साथ मार्गदर्शन करने के लिए अनंत उद्देश्य दिया है। हम जानते हैं कि जो कोई भी इंसान नहीं कर सकता, वही आप हमारे लिए करेंगे। हम माँग कर रहे हैं कि आप हमारी समझ की आँखें खोलें।

हम ईश्वर की शक्ति से प्रार्थना कर रहे हैं कि हम ईश्वर के वचन को सक्रिय करें और इसे इस तरह से खोलें और तोड़ें कि हम इसे आत्मसात कर सकें, यह हमारे भीतर विश्वास के साथ मिल सके और यह हमें आपके साथ उठने और चलने के लिए प्रेरित कर सके। यीशु मसीह के नाम पर। हम प्रार्थना कर रहे हैं कि आप हमारे बीच चुपचाप चलें।

प्रभु, जिस तरह से इस बैठक का आयोजन किया गया है, हम प्रार्थना कर रहे हैं कि आपकी आत्मा द्वारा एक शाश्वत प्रभाव पैदा हो। हे ईश्वर, हम आशा कर रहे हैं कि इस बैठक में शामिल होने का प्रयास करने वाला कोई भी व्यक्ति आपके निश्चित स्पर्श के बिना

न जाए। प्रभु, हमारे पास आपके पास इकट्ठा होने के लिए ये चार दिन हैं।

हम आपसे प्रार्थना करते हैं कि आप हमसे मिलें। आप हमारे साथ रहें। आप हमारी समझ की आँखें खोलें।

पिता, आप हमें सत्य पर अमल करना सिखाएँगे। धन्यवाद पिता। यीशु के नाम से हमने प्रार्थना की है।

आमीन। प्रभु की स्तुति हो। अभी से लेकर रविवार तक की शिक्षाओं की इस श्रृंखला के लिए हमारी थीम है बेदाग दुल्हन।

मुझे यकीन है कि जब हम बेदाग दुल्हन की बात करते हैं, तो आप आम तौर पर, आम तौर पर जानते हैं, आप आम तौर पर, शायद अस्पष्ट रूप से जानते हैं कि कुछ ऐसा है जिसे हम दुल्हन और मेमने का विवाह भोज कहते हैं। क्या यह ठीक है? ठीक है। और शायद किसी तरह, किसी तरह आप यह भी जान गए होंगे कि जिस दुल्हन के बारे में हम बात कर रहे हैं, वह लोगों का एक समूह है जिन्हें बुलाया गया है, दुनिया से बुलाया गया है, अंधेरे की शक्ति से बुलाया गया है ताकि वे प्रभु के साथ संबंध बना सकें।

ऐसे बहुत से शास्त्र हैं जिनका हमें अध्ययन करने और पढ़ने की आवश्यकता है। मैं चाहता हूँ कि हम केवल देखकर शुरू करें, मैं चाहता हूँ कि हम अध्ययन करें, इसलिए हम जल्दी से एक शास्त्र पढ़ेंगे और फिर हम वापस लौटेंगे जब तक कि हम आज रात को निष्कर्ष निकालने के लिए कुछ उपयोग न करें। यीशु के नाम में ईश्वर हमारी सहायता करें।

अब मत्ती, मत्ती अध्याय 22 को देखिए। मत्ती अध्याय 22। क्या आप मेरे साथ हैं? मत्ती 22।

यीशु ने उत्तर दिया, मैं पद 1 से पढ़ रहा हूँ, और फिर दृष्टान्तों में उनसे बात की, और कहा, स्वर्ग का राज्य एक राजा के समान है, जिसने अपने बेटे का विवाह किया, और अपने सेवकों को भेजा कि वे निमंत्रण देनेवालों को विवाह में बुलाएँ, परन्तु वे न आए। और फिर उसने और सेवकों को यह कहकर भेजा, कि जो लोग निमंत्रण दे रहे हैं, उनसे कहो। देखो, मैंने अपना भोज तैयार कर लिया है, मेरे बैल और मेरे मोटे पशु मारे गए हैं, और सब कुछ तैयार है।

विवाह में आओ। लेकिन उन्होंने इसे हल्के में लिया और अपने रास्ते चले गए, एक अपने खेत में, दूसरा अपने व्यापार में, और बचे हुए लोगों ने उसके सेवकों को पकड़ लिया और उनके साथ बुरा व्यवहार किया और उन्हें मार डाला। लेकिन जब राजा ने सुना, तो वह क्रोधित हो गया, और उसने अपनी सेना भेजकर उन हत्यारों को नष्ट कर दिया और उनके शहर को जला दिया।

तब उसने अपने सेवकों से कहा, "विवाह का भोज तैयार है, परन्तु जो लोग बुला रहे हैं, वे योग्य नहीं हैं। इसलिए तुम सड़कों पर जाओ और जितने लोग मिल जाएँ, उन्हें विवाह के भोज में बुलाओ।" तब उन सेवकों ने सड़कों पर जाकर, क्या बुरे, क्या अच्छे, जितने लोग मिले, सब को इकट्ठा किया, और विवाह का भोज मेहमानों से भर दिया।

जब राजा मेहमानों को देखने के लिए अंदर आया, तो उसने वहाँ एक आदमी को देखा जिसने शादी का जोड़ा नहीं पहना था। उसने उससे पूछा, "मित्र, तू शादी का जोड़ा पहने बिना यहाँ कैसे आया?" वह चुप हो गया। तब राजा ने सेवकों से कहा, "इसके हाथ-पैर बाँधो और इसे बाहर अँधेरे में ले जाकर फेंक दो।"

वहाँ रोना-धोना और दाँत पीसना होगा। क्योंकि बुलाए तो बहुत हैं, पर चुने थोड़े ही हैं। चलो यहीं रुकते हैं।

आइए एक और शास्त्र पढ़ें। मैं सिर्फ़ शादी से जुड़ी कुछ बातों से खुद को परिचित कर रहा हूँ, उसके बाद मैं दुल्हन पर ध्यान केंद्रित करूँगा। आप जानते हैं, इस सप्ताह हमें बेदाग दुल्हन का अध्ययन करना है, है न? लेकिन हम सबसे पहले यह जानना चाहते हैं कि शादी होने वाली है।

शादी होने वाली है। लेकिन शादी किससे होगी यह एक अलग विषय है, जिस पर हम इन तीन, चार दिनों तक चर्चा करेंगे। लेकिन शादी होने वाली है।

और मैं आगे बढ़ने से पहले आपको उस विवाह में प्रवेश करने की प्रक्रिया बताऊँगा। प्रकाशितवाक्य अध्याय 19 देखें। प्रकाशितवाक्य अध्याय 19।

क्या तुम वहाँ हो? क्या तुम वहाँ हो? जल्दी से। जल्दी से। हम पढ़ना चाहेंगे।

आइए हम पाँचवीं आयत से पढ़ें। शायद हमें चौथी आयत से पढ़ना चाहिए ताकि आप आगे बढ़ सकें। और चौबीसों प्राचीनों और चार प्राणियों ने गिरकर सिंहासन पर बैठे परमेश्वर की आराधना की।

आमीन। हल्लिलूय्याह। और सिंहासन में से एक आवाज़ निकली, "हे हमारे परमेश्वर, हे उसके सब सेवको, और हे छोटे, क्या बड़े, तुम सब जो उससे डरते हो, उसकी स्तुति करो।

और मैंने एक बड़ी भीड़ की आवाज़ सुनी, और बहुत सारे पानी की आवाज़, और ज़ोरदार गर्जन की आवाज़, जो कह रही थी, हल्लिलूय्याह, क्योंकि प्रभु परमेश्वर सर्वशक्तिमान राज्य करता है। आओ हम आनन्दित हों और आनन्दित हों और उसका आदर करें, क्योंकि मेम्ने का विवाह आ पहुँचा है, और उसकी पत्नी ने अपने आप को तैयार कर लिया है। और उसे यह अधिकार दिया गया कि वह महीन मलमल, स्वच्छ और सफ़ेद वस्त्र पहने, क्योंकि महीन मलमल पवित्र लोगों की धार्मिकता है, और उसने मुझसे कहा, लिखो, धन्य हैं वे जो मेम्ने के विवाह भोज के लिए बुलाए गए हैं।

और उसने मुझसे कहा, ये परमेश्वर की सच्ची बातें हैं। परमेश्वर इस वचन को आशीर्वाद दे, यीशु के नाम पर। आमीन।

अब, जब हम मत्ती की पुस्तक से पढ़ते हैं, तो प्रभु यीशु ने कहा, परमेश्वर का राज्य, स्वर्ग का राज्य, एक राजा के समान है जिसने अपने बेटे के लिए विवाह का आयोजन किया। और बाइबल की यह आयत हमारे अध्ययन को शुरू करने के लिए एक बहुत ही

सम्मोहक आयत है। कभी-कभी आप पूछते हैं, स्वर्ग का राज्य कैसा है? बहुत से लोग कहते हैं, जब आप स्वर्ग का राज्य, स्वर्ग का राज्य, स्वर्ग का राज्य कहते हैं, तो यह कैसा दिखता है? इसकी विशेषता क्या है? क्या कोई शिक्षण मॉडल है जिसका उपयोग हम विश्लेषण करने और स्वर्ग के राज्य की प्रकृति पर उचित रूप से चर्चा करने में सक्षम होने के लिए कर सकते हैं? और विभिन्न बिंदुओं पर, प्रभु यीशु मसीह ने, सत्य को व्यक्त करने के लिए विभिन्न साधनों का उपयोग किया।

क्या आप मेरे साथ हैं? और उसने अलग-अलग दृष्टांतों का इस्तेमाल किया। और इनमें से प्रत्येक दृष्टांत विशेष रूप से स्वर्ग के राज्य के बारे में अलग-अलग पहलुओं या अलग-अलग महत्वों को दर्शाने के लिए इस्तेमाल किया गया था। अब, जबकि, आप मत्ती अध्याय 22 में पढ़ रहे हैं, यह एक दृष्टांत की तरह लगता है।

जब हम प्रकाशितवाक्य की पुस्तक पर पहुँचे, जो सभी बातों का अंत है, तो क्या आपने देखा कि बाइबल वहीं समाप्त हो गई जहाँ हम रुके थे? उसने क्या कहा? उसने कहा, लिखो। क्या आपको याद है कि उसने ऐसा कुछ कहा था? प्रकाशितवाक्य 19 में उसने कहा, लिखो। धन्य हैं वे जो मेम्ने के विवाह भोज के लिए बुलाए गए हैं।

यह परमेश्वर की सच्ची बातें हैं। तो, क्या मैं आपको बता सकता हूँ, मत्ती में दृष्टांत जैसा क्या दिख रहा है? प्रकाशितवाक्य में यह क्या है? यह परमेश्वर की सच्ची बातें हैं। इन दिनों में से एक दिन, यह सच हो जाएगा।

यह कोई महज विचार नहीं है। यह कोई कल्पना नहीं है जिसे कुछ लोग बस लोगों को व्यस्त रखने के लिए गढ़ लेते हैं। बाइबल कहती है, यह परमेश्वर की सच्ची बातें हैं।

इसे लिख लें। मुझे नहीं पता कि आप इसे समझ पाए हैं या नहीं। अब, अगर कोई आपको कुछ बता रहा है, और मैंने कहा, अपनी बाइबल लें और प्रार्थना करें।

इसे लिख लें और मुझे उद्धृत करें। आप उस आदमी की कही गई बातों के बारे में क्या करने जा रहे हैं? एह? आप इसे कैसे पूर्ववत करेंगे? आप इसे हल्के में लेते हैं? आप इसे गंभीरता से लेते हैं। कहो, इसे लिख लें।

क्योंकि, आप देखिए, जब आप लिखते हैं, तो लिखित दस्तावेज़ एक शाश्वत दस्तावेज़ होता है। मुझे उम्मीद है कि आप यह जानते होंगे। एक मौखिक प्रश्न।

कोई आपके दफ़्तर का एमडी या आपका सीधा बॉस आपको फ़ोन करता है। वह आपको फ़ोन करता है और कहता है, डॉक्टर, क्या आप बता सकते हैं कि आप सोमवार और मंगलवार को दफ़्तर में क्यों नहीं हैं? मुझे बताइए कि आप दफ़्तर में क्यों नहीं हैं। अगर यह मौखिक चर्चा है, तो क्या कोई समस्या है? एह? आप जानते हैं कि यह गंभीर नहीं है।

लेकिन मान लीजिए कि उसने आपका अभिवादन किया और कहा, डॉक्टर, हमने आपको सोमवार और मंगलवार को नहीं देखा। एह?

आप कहते हैं, आप जानते हैं, मेरी पत्नी, एह? और आपने समझाया। और आप जानते हैं कि आपने कहा, एह? अब, जब तक आप अपने कार्यालय पहुँच रहे होते हैं, कार्यालय का संदेशवाहक आता है और आपको एक पत्र देता है और कहता है, डॉक्टर, उसने आपको आधिकारिक रूप से संबोधित किया।

उन्होंने कहा, क्या आप अगले 24 घंटों के भीतर लिखित में बता सकते हैं कि आप सोमवार और मंगलवार, 9 और 10 सितंबर, 1996 को आधिकारिक ड्यूटी से अनुपस्थित क्यों रहे? कुछ पर हस्ताक्षर किए, कुछ पर, कुछ पर, और फिर कॉपी की। क्या होने वाला है? अब आप जानते हैं कि मामला गंभीर है। मान लीजिए कि आप उनके पास गए, आप वापस आए और कहा, अरे, नहीं, आप जानते हैं, लेकिन मैंने कहा, मैंने आपको समझाया।

आप कहते हैं, ओह, ठीक है, ठीक है, ठीक है। कोई समस्या नहीं, कोई समस्या नहीं। कोई समस्या नहीं।

मैं समझ गया। लेकिन उन्होंने वह पत्र वापस नहीं लिया। न ही उन्होंने वह पत्र वापस लिया, जहाँ से उन्होंने प्रतिलिपि बनाई थी।

उसने तुम्हारे लिए एक बोतल मोथ भी खरीद कर दी और तुम्हारे साथ आराम भी किया। क्या बात ख़त्म हो गई? ख़त्म क्यों नहीं हुई? लिखा है। लिखा है।

अब सुनिए। इस मुद्दे के बारे में जिस पर हम इस सप्ताहांत चर्चा करना चाहते हैं, बाबा कहते हैं, क्या करें? लिखें। और मैं चाहता हूँ कि आप इस पर ध्यान दें।

इसे लिखिए। ऐसा इसलिए क्योंकि अगर कुछ भी हो जाए, मैं प्रार्थना नहीं करता कि ऐसा हो, और आप उस शानदार अनुभव से चूक जाएं, तो रिकॉर्ड में यह बात दर्ज हो जाएगी। अगर आप किसी भी तरह से इस विवाह भोज के लिए योग्य होने से चूक गए हैं, जिसकी तैयारी खुद भगवान कर रहे हैं।

भगवान खुद अपने बेटे के लिए शादी समारोह का आयोजन करने जा रहे हैं। जब आप यहाँ थे, जब यीशु यहाँ थे, तो क्या उन्होंने शादी की थी? क्या उन्होंने शादी की थी? नहीं। नहीं।

उसके विवाह न करने का एक कारण है, जिसका हम अध्ययन करने जा रहे हैं। यह एक सेमिनार है, इसलिए हम अध्ययन करने जा रहे हैं। हम बाइबल खोजेंगे, बाइबल खोजेंगे, बाइबल खोजेंगे, बाइबल खोजेंगे।

और आप जानते हैं, मैंने अभी तक आपके साथ उस बाइबल की खोज शुरू नहीं की है। लेकिन हम प्रस्तावनाओं से निपट रहे हैं। और पहली प्रस्तावना यह है कि इस विषय के प्रति आपका रवैया हल्कापन वाला नहीं हो सकता, यह लापरवाही वाला हो सकता है।

उन्होंने क्या कहा? लिखो। भगवान हमारे सामने हर मुद्दे को उठाने जा रहे हैं कि दुल्हन का हिस्सा बनने और उस समारोह का हिस्सा बनने के लिए कौन पात्र है। बाबा ने क्या कहा? लिखो।

ध्यान दें। वह कहता है कि लिखो, इसलिए नहीं कि उसे तुम्हारे दिमाग पर भरोसा नहीं है। वह जानता है कि तुम बहुत प्रतिभाशाली हो।

वह जानता है कि आप अपना सिर हिलाकर कह सकते हैं, हलेलुयाह, हलेलुयाह, हलेलुयाह। मैं सब कुछ समझता हूँ। लेकिन यह पर्याप्त नहीं होगा।

तुम्हें यह बात लिखनी चाहिए, लेकिन कागज़ की टेबल पर नहीं। क्या तुम मेरी बात सुन रहे हो? तुम्हें यह बात ऐसी जगह लिखनी चाहिए जहाँ यह कभी मिट न सके। क्या तुमने मेरा चेहरा देखा? क्या तुमने कुछ लिखा हुआ देखा? एह? यह कब लिखा गया था? कई साल पहले।

मैं सिर्फ़ 40 साल का था, मेरा मतलब है 40 दिन का जब यह लिखा गया था। क्या यह रगड़ सकता है, सर? क्यों नहीं? एह? हेलेलुयाह। यह वहाँ लिखा गया था जहाँ यह कभी रगड़ नहीं सकता।

यह मांस पर उकेरा गया था। जब वे इसे लिख रहे थे, मैं रो रहा था। खून बह रहा था।

मैं अपने पैर को इस तरह से बना रहा था, इस तरह से, और जो आदमी लिख रहा था, वह लिखता रहा। मैं रोता रहा, लेकिन वह लिखता रहा। उसने कहा, यह आदमी, तुम दुष्ट हो।

उन्होंने कहा, नहीं। उन्होंने कहा, आँसुओं से, रोने से, कागज़ से, हवा निशान बनाती है। लेकिन जब यह ठीक हो जाता है, तो यह आपका स्थायी खजाना बन जाता है।

आप में से कुछ लोग सोच रहे होंगे कि इसमें खजाना क्या है? ऐसा इसलिए है क्योंकि आप नहीं जानते। ऐसा इसलिए है क्योंकि यह आपके पास नहीं है। हेलेलुयाह।

अगर आपके पास यह है, तो आप जानते हैं कि यह एक खजाना है। मैं कभी खो नहीं सकता। मैं कभी गलत नहीं हो सकता।

मेरी एक स्थायी, पठनीय पहचान है, जो सभी पुरुषों के लिए खुली है। मैं जितना बड़ा होता हूँ, यह उतना ही बड़ा, गहरा, व्यापक, साहसी होता जाता है। अगर मैं मोटा हो जाऊँगा, तो यह और मोटा हो जाएगा।

अगर मेरा चेहरा बड़ा हो जाए तो वह बड़ा हो जाएगा। अगर मैं फट जाऊं तो वह फट जाएगा। यह एक स्थायी लेखन है।

आप इसे हटा नहीं सकते, और आप इसे वापस नहीं लिख सकते। आमीन। प्लास्टिक सर्जन, कभी-कभी, कोशिश करते हैं।

लेकिन इसे अनलिखने की कोशिश करना क्या है? इससे और अधिक नुकसान होगा। इससे और अधिक नुकसान होगा, और मुझे पूरी तरह से विकृत कर देगा। मैं चाहता हूँ कि आप प्रार्थना करें, क्योंकि मास्टर ने कहा है, लिखो।

आपको अपने दिल की पटल पर उन बातों को लिखने की ज़रूरत है जो प्रभु आपसे कहेंगे। उन्हें आपको लंदन ले जाने दें। उन्हें आपको वापस लाकर जमैका भेजने दें।

कहीं भी, यह कभी भी खत्म नहीं हो सकता। उन्हें आपको एक ऐसी नियुक्ति दें जो विश्व स्तर की हो। आपको दुनिया का सबसे महत्वपूर्ण व्यक्तित्व बनने दें।

हर अवसर को अपने रास्ते में आने दो। इस तरह से लिखा गया है कि इसे मिटाया नहीं जा सकता। हल्लिलूय्याह।

ऐसे बहुत कम मौके होते हैं जब आप ईश्वर को निर्देश देते हुए और कहते हुए सुनते हैं, लिखो। बहुत कम बार। आप गिने-चुने मौके ही गिन सकते हैं जब ईश्वर कहता है, लिखो।

लेकिन आमतौर पर जब भगवान कहते हैं, लिखो, तो यह कभी न भूलने वाली बात होती है। इसे कभी लापरवाही से नहीं संभालना चाहिए। इसे कभी भी बहुत ज़्यादा भीड़भाड़ में नहीं रखना चाहिए।

और इसे कभी भी हल्के में नहीं लेना चाहिए। इसे कुछ माना जाता है, एक संदर्भ चिह्न। यह एक झूठी प्रार्थना है।

हे ईश्वर, यह बात आप कह रहे हैं और यह निर्देश दे रहे हैं कि इसे लिखा जाना चाहिए। मैं इसे कागज पर नहीं लिखूंगा। क्योंकि कागज जल्द ही गायब हो जाएगा।

इसे आपके दिलों की पटल पर अमिट रूप से लिखा जाना चाहिए। जैसे-जैसे हम आगे बढ़ रहे हैं, मेरी आपके लिए प्रार्थना है कि ये

मुद्दे, जब वे आपको आधी रात को जगाते हैं, तो यह आपके दिल पर मजबूती से लिखा जाएगा। जब आप यात्रा करते हैं और वहाँ कोई संगति भी नहीं होती है, तो यह आपके दिल पर मजबूती से लिखा जाएगा।

जब आपके पास बहुत सारा पैसा हो और आपको खूब बढ़ावा मिल रहा हो। और लोग आपके साथ-साथ, जो करना चाहते हैं, वही कर रहे हों। यह आपके दिल पर साफ-साफ लिखा होगा।

क्योंकि वहाँ लिखा है। यह एक तरह की प्रार्थना है। हर परिस्थिति में, तनाव में, खुशी में, यह लिखा है कि कभी भी वंचित न रहें।

तो देखिए, जब गुरु कहते हैं, ठीक है, यह भगवान की सच्ची बातें हैं। इसका मतलब है, यह ध्यान केंद्रित करने वाली बात है। यह तब तक प्रार्थना करने वाली बात है जब तक आप इसे समझ न लें।

यह ऐसी चीज़ है जिसे आप मिस नहीं कर सकते। बाइबल में और भी बहुत सी अच्छी, अच्छी, अच्छी चीज़ें हैं, लेकिन परमेश्वर ने आपको कभी भी ऐसा करने के लिए नहीं कहा? उन्हें लिखने के लिए। ऐसा लगता है कि वे कोई पूर्व-आवश्यकताएँ नहीं हैं।

ऐसा लगता है कि अगर आप उन बातों को भूल भी जाते हैं, तो कोई बात नहीं। लेकिन जब आप अपनी यात्रा के दौरान किसी ऐसी चीज़ पर पहुँच जाते हैं जिसकी आपको ज़रूरत होती है, तो मैं कहता हूँ, लिखिए। इसलिए जब हम अध्ययन करें, तो आपकी पहली प्रार्थना, हे प्रभु, मुझसे इस तरह से बात करें कि यह यीशु मसीह के नाम पर मेरे जीवन में एक अमिट अनुभव बन जाए।

क्या तुम सुन रहे हो कि मैं क्या कह रहा हूँ? ठीक है। अब, यीशु ने कहा, एक राजा अपने बेटे के लिए शादी की तैयारी कर रहा था। लेकिन लोग कैसे करते हैं, ये वो बातें हैं जो मैं तुम्हारे साथ अध्ययन कर रहा हूँ।

अभी भी प्रस्तावनाएँ बाकी हैं। कई बार हम आज रात इन प्रस्तावनाओं को पूरा नहीं कर पाते, लेकिन यह ठीक है। अब, वह कहते हैं, इस विवाह में लोगों को कैसे आमंत्रित किया जाता है? लोग इस व्यवस्था में कैसे भागीदार बनते हैं? पुरुषों को इस विवाह में लाने का तरीका क्या है? इसे देखें।

इसे देखिए, श्लोक 3. 22-3. क्या आप वहाँ हैं? उसने क्या कहा? मत्ती 22-3. उसने क्या कहा? और उसने अपने सेवकों को उन्हें बुलाने के लिए भेजा।

सुनो। ध्यान से सुनो। क्या तुम मेरा अनुसरण कर रहे हो? हेलेलुया।

किसी भी व्यक्ति को इस विवाह व्यवस्था में लाने के लिए जिसे राजा अपने बेटे के लिए तैयार कर रहा है, जिसे हमने प्रकाशितवाक्य अध्याय 19 में भी पाया है, इसमें कहा गया है, जिन्हें बुलाया गया था। एक तरीका है जिसके द्‌वारा परमेश्वर ऐसा करता है। वह यह कैसे करता है? अपने सेवकों के माध्यम से नीचे उतरकर।

जब परमेश्वर आपको इस शानदार अनुभव में शामिल करना चाहता है, तो वह आपको बुलाने के लिए अपने किसी एक या दो सेवकों को भेजेगा। वह आपको बुलाने के लिए किसी को भेजेगा। और मुझे इस बात से बहुत दुख होता है कि कई बार, जब परमेश्वर अपने सेवकों को आपके पास भेजता है, तो वह कहता है, मुझे अकेला छोड़ दो।

तुम मुझे उपदेश क्यों दे रहे हो? तुम्हें लगता है कि मैं नहीं जानता कि मैं क्या कर रहा हूँ? तुम्हें नहीं पता कि मैं कहाँ जा रहा हूँ? मैं तुम्हें बताना चाहता हूँ, तुम्हें नहीं पता कि तुम कहाँ जा रहे हो। जब तक तुम्हें बुलाया नहीं जाता। और तुम स्वाभाविक रूप से उस रास्ते पर नहीं जा सकते जिस पर तुम जा रहे हो और उस विवाह भोज पर पहुँच सकते हो।

ऐसा कोई भी व्यक्ति नहीं है जो अपनी माँ से जन्मा हो और स्वाभाविक रूप से स्वर्ग जा सके। यह शिक्षा या अकादमिक का मामला नहीं है। यह सामाजिक स्थिति का मामला नहीं है।

यह सवाल नहीं है कि, क्या आपको लगता है कि मैं नहीं जानता? यह सवाल नहीं है कि, क्या आपको लगता है कि मैं बाइबल पढ़ना नहीं जानता? अगर ऐसा होता, तो धर्म के प्रोफेसर, धर्मशास्त्र के प्रोफेसर, वे विवाह में सबसे अच्छे व्यक्ति होते। दुर्भाग्य से, उनमें से अधिकांश नरक में जाएंगे। अगर यह ज्ञान से होता, क्योंकि आप बहुत व्यापक रूप से पढ़ सकते हैं, इसका मतलब है कि जो लोग ग्रीक और लैटिन और हिब्रू और अरामी पढ़ सकते हैं, जो प्राचीन और आधुनिक भाषाओं में बहुमुखी हैं, और जो दर्शनशास्त्र

में बहुमुखी हैं, सुकरात और प्लेटो का दर्शन, वे उस विवाह भोज में आने वाले लोगों का पहला समूह होते।

लेकिन ऐसा नहीं होता। भगवान आमतौर पर अपने सेवकों को भेजता है। ध्यान से सुनो।

क्या तुम मेरा अनुसरण कर रहे हो, छोटे, छोटे? हम अभी भी प्रस्तावना कर रहे हैं। ईश्वर को यीशु के नाम पर हमारी मदद करनी चाहिए। अब, सेवकों, ध्यान से सुनो।

जब नौकरों को भेजा गया, तो ध्यान रखें कि जवाब की मांग नौकरों की वजह से नहीं है। आप मेरी बात नहीं समझ रहे हैं। कल्पना करें कि राज्य का मुखिया आपसे मिलना चाहता है, हमारे किसी भाई से मिलना चाहता है।

मान लीजिए कि वह प्रोफेसर से मिलना चाहता है। अब, वे सब कुछ एक साथ रखते हैं। और फिर वे एक नौकर, उनके दूतों में से एक को भेजते हैं। और फिर दूत आता है।

वह कहते हैं, मैंने प्रो. अबू आबा को ढूँढ़ा। वह कहाँ है? वह कहाँ है? और फिर वह आया और बोला, ओह, ओगा, फिर उसने कहा, मैं तुम्हें बुलाऊँ। और मैं बस यही कहता हूँ, तुम जो भी करो, तुम्हें अभी, अभी, अभी, अभी, अभी, खड़े हो जाना चाहिए और तुम्हें मेरे पीछे आना चाहिए।

मैंने कहा, सुनो, मैं तुमसे एक सवाल पूछ रहा हूँ। क्या किसी प्रोफेसर को इस तरह से संबोधित करना चाहिए? नहीं? ठीक है।

लेकिन कल्पना करें कि प्रोफेसर ने अब कहा, वह मुझसे इस तरह कैसे बात कर सकता है? चूँकि आप मुझे ठीक से संबोधित करना नहीं जानते, इसलिए जाकर बताइए कि आपको किसने भेजा है कि मैं नहीं आ रहा हूँ। क्या होने वाला है? जब प्रोफेसर को लगता है कि वह उस संदेशवाहक के खिलाफ प्रतिक्रिया कर रहा है, जिसे वह अनजाने में और अनजाने में, उसे भेजने वाले का अपमान करते हुए देखता है। मैं आपको बता दूँ, इससे कोई फर्क नहीं पड़ता कि भगवान का सेवक कौन है।

इससे कोई फर्क नहीं पड़ता कि वह अच्छी अंग्रेजी बोल सकता है या नहीं। यह महत्वपूर्ण नहीं है कि वह आपको कैसे संबोधित करता है।

हो सकता है कि वह विनम्र न हो। इससे कोई फ़र्क नहीं पड़ता कि वह आपकी स्थिति को पहचानता है या नहीं और आपको सही नाम देता है या नहीं। यह बहुत महत्वपूर्ण नहीं है कि वह सही व्याकरण बोलना जानता है या नहीं।

और मैं आपको चेतावनी देता हूँ, आप में से कुछ लोगों ने विवाह भोज के आह्वान पर प्रतिक्रिया देने से इनकार कर दिया है। आपके अनुसार, जिस तरह से वे बात करते हैं। मैं एक ईसाई होता, लेकिन मुझे उन लोगों के तरीके से नफरत है, वे बस वहाँ खड़े होकर कहते हैं, अगर तुम पश्चाताप नहीं करोगे, तो तुम नरक में जाओगे।

अगर आप ऐसे हैं, तो मुझे नरक में जाने दो। सॉरी भाई, मैं आपको बता दूँ। अगर आप संदेशवाहक से परेशान हो गए हैं, तो आपका विचार ही वह संदेशवाहक है जिसके खिलाफ आप प्रतिक्रिया कर रहे हैं।

आप सर्वशक्तिमान ईश्वर के विरुद्ध प्रतिक्रिया कर रहे हैं। और आप अनंत काल के विरुद्ध लात मार रहे हैं। और फिर भी, कोई भी इस विवाह में कभी नहीं पहुँच पाता, सिवाय किसी उपदेश के निमंत्रण के।

कुछ लोगों ने कहा, मैं इस पर विश्वास नहीं करूंगा। वह स्वयं भगवान है। बस छत पर खड़ा हो गया और कहा, पैगंबर फ्रांसिस, पैगंबर फ्रांसिस, मैं, सर्वशक्तिमान ईश्वर, मैं, यहोवा एल शादाई, मैं, आपको बुला रहा हूं।

और फिर आप प्राप्त करते हैं और कहते हैं, अपने सेवक के लिए बोलो। हेलेलुयाह। मैं आपको बता दूँ भाई, ऐसा कभी नहीं होता।

क्या तुम मेरी बात सुन रहे हो? ऐसा कभी नहीं होता। यह पहली बात है जो मैं चाहता हूँ कि तुम ध्यान दो। हो सकता है कि उपदेशक ने अच्छे कपड़े न पहने हों।

उपदेशक सभ्य नहीं हो सकता। उपदेशक पसंद करने लायक नहीं हो सकता। उपदेशक असभ्य हो सकता है।

हो सकता है कि उपदेशक अमीर न हो। हो सकता है कि उपदेशक शिक्षित न हो। हो सकता है कि उपदेशक अच्छी अंग्रेजी न बोल पाता हो।

लेकिन उपदेशक के हाव-भाव इतने चतुर नहीं हैं कि आप निमंत्रण को अस्वीकार कर दें। और मैं आपसे पूछना चाहता हूँ, आपने उन सभी सेवकों के साथ क्या किया है जो आपके पास भेजे गए थे? कुछ, वे मण्डली में बैठते हैं। उपदेशक के ऐसा करने के बाद, वे कहते हैं, क्या इस नासरत से कोई अच्छी बात निकल सकती है? वह बोलना क्या जानता है? मैं ऐसी बातें करते हुए देखता हूँ।

वह कौन सा भला करने गया? वह मुझे संबोधित करने की कोशिश कर रहा है। भाई, और कोई और तरीका नहीं है जिसके द्वारा परमेश्वर लोगों को इस विवाह भोज में बुलाता है सिवाय अपने हाथों की शक्ति भेजने के। हम सुसमाचार का प्रचार क्यों करते हैं? ऐसा इसलिए है क्योंकि यह लोगों को मेमने के विवाह में लाने का एकमात्र साधन है।

और मैं सबसे पहले आपसे पूछूंगा, क्या आपने एक संदेशवाहक द्वारा संदेश प्रस्तुत करने के तरीके के खिलाफ़ अति प्रतिक्रिया की है और आपने संदेश को फेंक दिया है? आप में से कुछ ऐसे हैं जिन्हें पहले पादरी ने बहुत निराश किया। और आपने कहा, देखो, अगर कोई पादरी है, तो मैं नरक में जाना पसंद करूंगा। क्या आप वास्तव में पादरी की वजह से नरक जाना पसंद करते हैं? क्योंकि नरक के द्वार पर, जहाँ आप खड़े हैं, वे कहते हैं, आपने हमारे

द्वारा भेजे गए संदेश को क्यों अस्वीकार कर दिया? आप कहते हैं, पादरी ने अपनी बात स्पष्ट रूप से व्यक्त नहीं की।

मैं कहता हूँ, युवती, तुमने परमेश्वर के राज्य के महान निमंत्रण को क्यों अस्वीकार कर दिया? तुम कहती हो, ठीक है, जब वह युवक संदेश लेकर आया, तो वह विनम्र नहीं था। सिर्फ़ इसलिए कि उसने मुझे मेरे प्रेमी के साथ खड़े देखा। उसने मुझसे कहा, क्षमा करें।

वह हम पर झपट पड़ा। वह हम पर झपट पड़ा। उसने हमारी चर्चा को बाधित कर दिया।

और मुझे लगा कि वह और उसका संदेश नरक में चले जाएं। इसीलिए मैंने मना कर दिया। और जब भी मैं उन्हें गाते हुए सुनता हूं, यीशु को बचाया जा सकता है, यीशु को बचाया जा सकता है, यीशु को बचाया जा सकता है... मैं कहता हूं, सब कुछ नरक में चला जाए।

जब भी वे ऐसा करते हैं, मैं बस अपना चश्मा लगा लेता हूँ ताकि मुझे परवाह न हो कि क्या होता है। वे कहते हैं, आह। इसीलिए तुमने एक बढ़िया प्रस्ताव ठुकरा दिया जो तुम्हारी ज़िंदगी बदल सकता था।

अब जब तुमने उसे अस्वीकार कर दिया है, तो जिस व्यक्ति से तुम झगड़ रहे हो, वह कहाँ है? वह दूसरी तरफ है। दोस्त, मैं तुम्हें बताना चाहता हूँ... क्या तुम मेरा अनुसरण कर रहे हो, छोटे, छोटे? अहा। अगर कोई और तरीका है जिसके द्वारा परमेश्वर मनुष्यों

को राज्य में लाता है, अपने उपदेशों द्वारा परमेश्वर के वचन के प्रचार के अलावा, तो हम ऐसा कर रहे होते।

यह सच है। क्या तुम मेरी बात मान रहे हो? सभी संदेशवाहक सही नहीं होते। लेकिन, अगर वे खुद ही भेजे गए होते, तो तुम सही होते।

लेकिन मैं तुमसे कहना चाहता हूँ, संदेश को इकट्ठा करो, संदेशवाहक को भूल जाओ, और इसके बारे में कुछ करो। हो सकता है कि तुम्हें मेरा चेहरा पसंद न आए, हालाँकि मैं जानता हूँ कि तुम्हें मेरा चेहरा पसंद है। हलेलुयाह।

हो सकता है कि आपको मेरा भाषण पसंद न आए, लेकिन जिस मुद्दे पर हम बात कर रहे हैं, वह मुझसे भी बड़ा है। मैं आपको बता दूँ कि परमेश्वर के राज्य का संदेश संदेशवाहक से भी बड़ा है। आपके उद्धार का संदेश, मेमने के विवाह भोज में भाग लेने का निमंत्रण जो आपके पास आता है, उस व्यक्ति से भी बड़ा है जो इसका प्रचार कर रहा है।

आप निराश हो रहे हैं। कुछ लोग कहते हैं, देखो, मैं चर्च के बारे में कुछ नहीं चाहता, इसका कारण यह है कि आजकल चर्च का व्यवसायीकरण हो गया है। सभी ड्रॉपआउट, वे कहेंगे कि भगवान ने उन्हें बुलाया है, भगवान मुझे भी बुलाएंगे।

मैं आपको बता दूं, मैं आपसे यह नहीं कहता कि आप उनसे झगड़ा न करें, लेकिन जब आप उनसे झगड़ा कर रहे हों, तो पहले संदेश

को स्वीकार करें। संदेश की विषय-वस्तु पर गौर करें। उसे यूं ही एक तरफ़ फेंक कर यह न कहें कि नहीं, संदेश पर विचार करें।

यह वह चीज़ है जो आपकी किस्मत बदल देगी। ऐसा लगता है कि मैं अभी भी उस तरफ़ से नहीं जा सकता। और उसने अपने नौकरों को भेजा कि वे उन लोगों को बुलाएँ जो शादी में आमंत्रित थे।

और वे नहीं आए। लेकिन मैं अभी भी इंतज़ार कर रहा हूँ। जब वे नहीं आए, तो उसने फिर से श्लोक 4 में क्या किया? उसने फिर से क्या किया? उसने दूसरे सेवकों को भेजा और तुममें से कुछ लोग मेरी बात सुन रहे हैं।

भगवान ने आपको एक ही मुद्दे पर बुलाने के लिए अपने दो, तीन, चार, यहाँ तक कि पाँच अलग-अलग सेवकों को भेजा है। जब मैं अभी भी व्याख्यान दे रहा था, तो उन्होंने मेरे विभाग में एक पुलिसकर्मी को नियुक्त किया और चूँकि मैं विभाग का कार्यवाहक प्रमुख था, इसलिए मुझे उसका स्वागत करना था, उसके विवरण एकत्र करने थे और उसे एक काम सौंपना था। और जब वह आया, तो मैंने उसका अभिवादन किया, मैंने उसे उसके नाम से पुकारा, मैंने कहा, स्वागत है, इस विभाग में आपका स्वागत है।

यह भौतिकी विभाग है। यह, यह, यह, यह, यह, वह, वह, वह। जब उसने पढ़ाई पूरी की, तो मैंने उसे वे पाठ्यक्रम दिए जो मुझे लगा कि वह पढ़ा सकता है।

मैंने सुनिश्चित किया है कि उसे आवास का आवंटन किया गया है। इसलिए, एक शाम, और साथ ही, अब मैं विभागाध्यक्ष नहीं हूँ, मैं

भगवान का सेवक हूँ। इसलिए, जैसे ही मैं अंदर जा रहा था, मैंने कहा, स्वागत है, सर।

मैंने कहा, नहीं, मैं विभागाध्यक्ष के रूप में नहीं आया हूँ। मैं आपके लिए सर्वशक्तिमान ईश्वर का संदेश लेकर आया हूँ। और मैंने उसका सामना किया और संदेश इतना सीधा था, मैं उसे यीशु के बारे में बता रहा था।

वह यीशु से कैसे भाग नहीं सकता? क्या आप जानते हैं कि उस युवक ने क्या किया? मुझे नहीं पता। वह बस अंकुरित हो गया। उसने कहा, मुझे अकेला छोड़ दो! मुझे अकेला छोड़ दो! हल्लिलूय्याह।

लेकिन आप देखिए, मैं HOD नहीं था। मैं उसे HOD नहीं बना रहा था। आप जानते हैं, मैं काफी हैरान था क्योंकि अब जब मैंने कहा कि मैं उसे उपदेश देने आया हूँ, तो वह अपने कार्यालय में अपने बॉस के रूप में मुझसे ऐसा कहने की हिम्मत नहीं कर सकता था।

आप देखिए, दुर्भाग्य से, जो लोग बिज़नेस सर्कल में आपका अपमान नहीं कर सकते, जब आप अब ईश्वर का वचन लेकर चलते हैं और उपदेश देते हैं, तो उनके अंदर एक तरह का आक्रोश होता है। माफ़ कीजिए। नहीं, नहीं, नहीं।

यह चर्च नहीं है। और मैं आपको बताना चाहता हूँ कि धर्म एक निजी मामला है। यह एक निजी मामला है।

और मैं नहीं चाहता कि कोई मेरे कामों में दखल दे और मेरी नाक में दम करे। यह वास्तव में तुम्हें चिंतित नहीं करता। प्रभु की स्तुति करो।

क्या आप ही मुझे प्रार्थना करना सिखाएँगे? अगर मैं प्रार्थना करना चाहता हूँ, तो मुझे पता है कि मुझे कहाँ प्रार्थना करनी है, कब प्रार्थना करनी है और कैसे प्रार्थना करनी है। इसलिए कृपया, ऐसा न करें। इसलिए यह युवक अंकुरित हुआ।

मुझे अकेला छोड़ दो. मुझे छोड़ दो. मुझे छोड़ दो.

मुझे छोड़ दो. बहुत हो गया. बहुत हो गया.

मैंने पूछा, क्या हुआ? उन्होंने कहा, ऐसा क्यों है कि मैं जहाँ भी जाता हूँ, कोई न कोई हमेशा मेरे पीछे-पीछे रहता है और उनके पास मेरे लिए कोई और संदेश नहीं होता सिवाय इसके कि तुम्हें फिर से जन्म लेना चाहिए। तुम्हें फिर से जन्म लेना चाहिए। घर पर, मेरे पिता, जब मैं घर पर रहता था, तो उन्होंने कहा, सावधान रहना।

तुम अभी तक दोबारा पैदा नहीं हुए हो। तुम्हें दोबारा जन्म लेना ही होगा। स्कूल में कहा जाता था कि तुम्हें दोबारा जन्म लेना ही होगा।

तुम्हें फिर से जन्म लेना होगा। पिछले सप्ताहांत भी, जब मैं अपने कॉपर फ्रेंड के साथ आराम करने गया था, तो जैसे ही मैं बैठा, कोई आया और मेरी भूख खराब कर दी। तुम्हें फिर से जन्म लेना होगा।

तुम्हें फिर से जन्म लेना होगा। और यहाँ फिर से, जब मैंने सोचा कि मुझे आज़ाद होना चाहिए, तुम फिर से यहाँ हो। देखो, मैं इस चीज़ से थक गया हूँ।

मैंने कहा, नहीं। लेकिन तुम मरना क्यों चाहते हो? क्या यही है जिसने तुमसे कहा कि मैं मरना चाहता हूँ? मैं मरना नहीं चाहता। मैं ज़िंदा रहूँगा।

मैं जीवित हूँ। मैंने कहा कि तुम मरना चाहते हो। भगवान तुम्हें बुला रहे हैं।

क्या तुम्हें लगता है कि मैं ही वह व्यक्ति हूँ जिसने तुम्हें बुलाया है? क्या मैं तुम्हें पहले से जानता हूँ? जो बातें मैंने तुम्हें अभी बताई हैं, क्या वे तुम्हारे जीवन के बारे में सच नहीं हैं? इससे तुम्हें परेशानी क्यों नहीं हुई? मैंने कहा, अभी क्यों? और तुम्हारे कहने के लिए भगवान, मैं सब कुछ समर्पित करता हूँ। उन्होंने कहा, मैं तुम्हारे साथ रूखा व्यवहार करने के लिए क्षमा चाहता हूँ, लेकिन मुझे समय दो। मुझे समय दो।

नहीं। मुझे समय दो। क्या तुम्हें पता है कि लड़के का क्या हुआ? क्योंकि, ज़ाहिर है, हर हफ़्ते, हर दिन उसे मुझसे विभाग में मिलना होगा।

इसलिए जब भी वह आएगा, वह हमेशा जल्दी में होने का नाटक करेगा। इसलिए वह बस कहेगा, गुड मॉर्निंग, सर। गुड मॉर्निंग, सर।

सुप्रभात, सर। क्षमा करें, क्या मुझे पाठ्यक्रम का पाठ्यक्रम मिल सकता है... उसे इस तरह दौड़ने के लिए क्या मजबूर कर रहा है? कुछ उसे धकेल रहा है। भगवान का शुक्र है कि आज वह आदमी फिर से पैदा हुआ है।

भाई, मैं आपसे पूछता हूँ। आपने कितने दूतों को मना किया है? कई बार ऐसा होता है कि ईश्वर ने अपने किसी आदमी को प्रचार करने के लिए भेजा है। और जब वह प्रचार कर रहा होता है, तो ऐसा लगता है जैसे वह आपकी कहानी सुना रहा है।

लेकिन पश्चाताप करने के बजाय, आप जानते हैं कि आपने क्या किया? आपने बस खुद को समायोजित कर लिया। आप जानते हैं कि आप क्या कह रहे हैं? यहाँ नहीं। यहाँ नहीं।

यहाँ नहीं। अगर मैं अभी खड़ा हो जाऊँगा, तो वह अपने संदेश में सोचेगा कि उसने मुझे बदल दिया है। यहाँ नहीं।

यहाँ नहीं। मैं आपको बता दूँ, हर आदमी जो परिवर्तित हुआ है, वह हमेशा एक सेवक के माध्यम से संदेश पहुँचाने के द्वारा हुआ है। अगर आप आज रात अपना जीवन यीशु मसीह को देते हैं, तो आप कुछ भी अजीब नहीं कर रहे हैं।

यह सही काम है। क्या आप समझ रहे हैं कि मैं क्या कह रहा हूँ? भगवान ऐसा ही करते हैं। अगर आप इस विवाह भोज का हिस्सा बनने जा रहे हैं जिसके बारे में हम बात करने जा रहे हैं, तो आपको आमंत्रित किया जाना चाहिए।

सेवक को आकर तुम्हें संदेश देना होगा। हेलेलुयाह! मैं इसे समाप्त करने से पहले यह स्पष्ट करना चाहता हूँ। क्योंकि मैं चाहता हूँ कि तुम कुछ बातें समझो।

वह समझ आपके मन को तैयार करेगी। वह समझ आपको सही तरीके से ध्यान केंद्रित करने, सही तरीके से प्रार्थना करने, यह तय करने में मदद करेगी कि आप इस संदेश के साथ क्या करेंगे। संदेशवाहक आपसे बहुत, बहुत, बहुत जूनियर हो सकता है।

यह सच है। लेकिन वह जो संदेश लेकर आया है वह सर्वशक्तिमान ईश्वर की ओर से है, जो आपसे बहुत, बहुत, बहुत, बहुत वरिष्ठ है। हेलेलुया! कितने सेवक आपके पास आए और आपने उन्हें अस्वीकार कर दिया? कैंपस में मेरे एक प्रोफेसर 70 के दशक के शुरुआती दौर के प्रोफेसर थे।

बहुत ही उल्लेखनीय प्रोफेसरों में से एक। उन्होंने अपने क्षेत्र में सफलताएं हासिल कीं। अफ्रीका में पहली सफलता।

लेकिन वह शराबी था। अरे! प्रोफ़ेसर। प्रोफ़ेसर हर डांसिंग हॉल में आखिरी व्यक्ति होगा। और आप जानते हैं कि एक बार प्रोफ़ेसर नशे में हो जाता है, छोटी, छोटी लड़कियाँ, छोटी, छोटी लड़कियाँ, जो सिर्फ़ प्रीलिम्स या कुछ और पढ़ने के लिए आई हैं, प्रोफ़ेसर उनके पीछे भागेगा।

हा! तो एक दिन, मुझे नहीं पता कि प्रोफेसर ने कैसे गलती कर दी। एक अच्छी गलती। उसने लड़कियों में से एक को आमंत्रित किया।

उसे नहीं पता था कि लड़की SU में फिर से जन्मी है। और जैसे ही प्रोफेसर ने लड़की को अपने कमरे में, ऑफिस में बुलाया। और लड़की ने आकर पूछा, सर, आप क्या चाहते हैं? आप क्या कहते हैं, सर? उसने कहा, अब बैठ जाओ, बैठ जाओ।

आह, आह। तुम्हें पता है, शिक्षा किसी के दुर्व्यवहार को नहीं बदल सकती। देखो, देखो, शालीनता की सारी भावनाएँ मिटा दो।

देखिए, इससे शालीनता की सारी भावना खत्म हो जाती है। और प्रोफेसर ने लड़की को फ़ॉन्ड्यू देना शुरू कर दिया। और लड़की खड़ी हो गई और बोली, माफ़ कीजिए, आपका क्या मतलब है, सर? क्या आप मुझे जानते हैं? मैं भगवान की संतान हूँ।

मैं ईसाई हूँ। मैं ऐसा नहीं करता। अगर मैं फेल हो जाऊँ, तो मैं अपना एडमिशन भी खोना पसंद करूँगा।

मैं ईश्वर की संतान हूँ। और जब वह लड़की जा रही थी, तो मुझे लगता है कि उसने भावनात्मक रूप से ऐसा किया। वह प्रोफेसर के साथ काफी असभ्य थी। जाते समय उसने कहा, लेकिन मैं तुमसे कहता हूँ, प्रोफेसर, यदि तुम पश्चाताप नहीं करोगे, तो तुम भी इसी तरह नष्ट हो जाओगे।

और उसने एक परचा छोड़ा। यही संदेश है। एक परचा छोड़ा।

प्रोफेसर भड़क गए। मैं? पूरे विश्वविद्यालय में किसी ने भी मेरा ऐसा अपमान नहीं किया। वह इस कमरे में ऊपर-नीचे घूम रही थी।

क्या तुम कभी अकेले में गुस्सा हुए हो? वह ऐसे ही ऊपर-नीचे हो रहा था। मैं? मैं? उस लड़की में क्या है? मैं? उसने सबसे पहले ट्रैक्ट निकाला और फेंक दिया। लेकिन आप देखिए, ट्रैक्ट फेंकने के बाद वह फिर से ऐसा नहीं कर सका।

तो मुझे भी बताइए, मुझे भी पढ़ने दीजिए कि उसने क्या कहा। देखिए, एक और नौकर, प्रोफेसर की समस्या पर सीधे बोल रहा है। हा! वह नहीं कर सकता था, वह इसे फेंक नहीं सकता था। वह वहाँ अपने कार्यालय में एक ट्रैक्ट के सामने लेट गया।

और प्रोफेसर को पश्चाताप हुआ। फिर से जन्म हुआ। हेलेलुया! अब सुनो, इससे कोई फर्क नहीं पड़ता कि नौकर कौन है।

संदेश संदेशवाहक से बड़ा होता है। सुनिश्चित करें कि आप इस महान आमंत्रण को अस्वीकार न करें कि आप उन लोगों की टीम का हिस्सा बनें जो मेमने के विवाह भोज में हिस्सा लेंगे, क्योंकि मेरा इस्तेमाल किया गया है। हर बार जब मैं प्रोफेसर की कहानी याद करता हूं, तो मुझे बहुत अच्छा लगता है।

आपने कितने नौकरों को अस्वीकार किया है? नौजवान, कितने नौकर? आप में से कुछ, आपने स्नातक होने के बाद से ही सही संदेश सुनना शुरू कर दिया था। आपने स्नातक की पढ़ाई पूरी की, आपने स्नातकोत्तर की पढ़ाई की, आपने डॉक्टरेट की पढ़ाई की, आप बाहर हो गए। हर बार जब वे कहते हैं कि चलो प्रार्थना करते हैं, तो आप कहते हैं, ठीक है, वे फिर से आ गए हैं, वे फिर से आ गए हैं।

और फिर आप अपने चश्मे को ठीक करते हैं और फिर बाहर निकल जाते हैं। क्या आप जानते हैं कि आप किसके साथ बाहर निकल रहे हैं? आप एक ऐसे संदेश के साथ बाहर निकल रहे हैं जो आपके जीवन को बदलने में सक्षम है। यहीं आपकी शांति है।

यहीं पर आपकी मुक्ति है। यहीं पर ईश्वर का आनंद और पूर्णता आपके जीवन में आएगी। आप इसे अस्वीकार नहीं कर सकते।

आप देखिए, मैंने आपको बताया है कि यह प्रस्तावना, हम अभी इसे पूरा नहीं कर सकते। मैं इस बीच यहीं रुकना चाहता हूँ। बाइबल में कहा गया है, लेकिन उन्होंने इसे हल्के में लिया, श्लोक 5, क्या आपने इसे देखा है? और अपने रास्ते चले गए।

क्या यह आपकी प्रतिक्रिया की तरह लगता है? उन्होंने क्या किया? उन्होंने इसे हल्के में लिया। और अपने रास्ते चले गए। एक अपने खेत की ओर, दूसरा अपने माल की ओर।

सुनो। लूका 14 पर जाएँ। अगर हम देखें कि उन्होंने क्या कहा तो यह ज़्यादा सार्थक होगा।

लूका 14. लूका 14 में भी यही कहानी दोहराई गई है। लेकिन कुछ अधिक विस्तृत विवरण के साथ।

श्लोक 12. नहीं, मुझे श्लोक 12 नहीं चाहिए। मुझे श्लोक 17 चाहिए।

क्या तुमने इसे देखा है? क्या कोई मेरे लिए पढ़ सकता है? श्लोक 17. श्लोक 17. और उसने भोजन के समय अपने सेवक को उनके पास यह कहने के लिए भेजा, हाँ श्रीमान्।

आइये। अब सब कुछ तैयार है। आगे बढ़िए सर।

पद 18. और वे सब एकमत होकर बहाने बनाने लगे। आइये हम उनके बहानों पर नज़र डालें।

पहले ने उससे कहा, "मैंने एक ज़मीन खरीदी है। मुझे उसे देखने जाना चाहिए। चलो, हम वहीं रुकें।"

मैं चाहता हूँ कि आप सभी कृपया, जल्दी से इसका विश्लेषण करें। हेलेलुया। क्या आप मेरी बात समझ रहे हैं? अच्छा।

अब श्लोक 17 से उन्हें किस समय आमंत्रित किया गया? कृपया, रात के खाने के समय की सीमा क्या है? एह? शाम 7 बजे से लेकर लगभग 10 बजे तक। यही वह समय है जब सामान्य रूप से रात का खाना खाया जाता है। क्या अब आप इसे समझ रहे हैं? अब यह आदमी कहता है, मैंने जमीन का एक टुकड़ा खरीदा है।

सुनो, उसने इसे खरीद लिया है। ऐसा नहीं है कि मैं इसे खरीदूंगा।

जब वह कहता है कि उसने खरीद लिया है, तो इसका क्या मतलब है? वह पहले ही इसके लिए भुगतान कर चुका है। उसने जमीन के एक टुकड़े के लिए भुगतान किया है जिसे उसने कभी नहीं देखा। एह? और फिर, इसे देखने जाने का क्या समय है।

रात के खाने के समय। शाम 7 बजे से 10 बजे के बीच। ज़मीन का एक टुकड़ा।

अब, तुम हंस रहे हो। तुम क्यों हंस रहे हो? अरे? वह नासमझ है। वह बेवकूफ है।

मैं आपको बता दूँ। यीशु को अस्वीकार करने के लिए आपके पास जो बहाने हैं, वे बेवकूफी भरे हैं। उन्होंने कहा, आओ।

अब सारी चीजें तैयार हैं। वे यह नहीं कह रहे हैं कि आपको पैसे देने चाहिए। वे आपसे कुछ भी खरीदने के लिए नहीं कह रहे हैं।

वे आपको खाना बनाने में मदद करने के लिए नहीं कहते। सारी चीज़ें अब तैयार हैं। आपकी मुक्ति के बारे में सारी चीज़ें।

आपके उद्धार के बारे में सभी बातें। आपकी प्रगति के बारे में सभी बातें। वे अब तैयार हैं।

यीशु ने कीमत चुकाई और क्रूस पर मर गए। और उन्होंने कहा, हे सब परिश्रम करने वालों और बोझिल औरतों, मेरे पास आओ, मैं तुम्हें विश्राम दूंगा। तुम्हारे आने के लिए क्या कीमत चुकानी पड़ी? कुछ भी नहीं।

अगर तुम आए और उसने तुम्हें आराम नहीं दिया, तो कम से कम तुम्हें अनुदान तो मिलेगा। और उससे कहो, मैंने कहा, माफ़ करना, तुम देखो, इसीलिए मुझे पता था कि तुम झूठे हो। मैं आया और तुमने मुझे आराम नहीं दिया।

लेकिन यह आदमी कहता है, मैंने जमीन का एक टुकड़ा खरीदा है और मुझे इसे देखने जाना है। मुझे माफ़ कर दो। मैं सोच रहा हूँ, तुम्हारे पास क्या कारण है कि तुम भगवान से अपने आशीर्वाद से माफ़ी माँग रहे हो? कृपया मुझे अपने स्वास्थ्य कार्यक्रम से माफ़ कर दो।

मुझे माफ़ कर दो। मुझे अपने उद्धार से मुक्त कर दो। जैसे तुम दूसरे लोगों का नाम डाल रहे हो, वैसे ही मेरा नाम भी माफ़ कर दो।

हर बार जब आप परमेश्वर का वचन सुनते हैं, और आप इस तरह अपना सिर घुमाते हैं, तो आप कह रहे होते हैं, मुझे माफ़ कर दो। मैं तैयार किए गए भोज में आने के बजाय, पीड़ा सहना और मरना और नरक में जाना पसंद करता हूँ। उद्धारकर्ता के प्रेम को अस्वीकार करने के लिए आपका क्या बहाना है? इस महान उद्धार के बारे में लापरवाही से खड़े होने के लिए आपका क्या बहाना है, जिसे परमेश्वर ने स्वयं हमसे बात करना शुरू किया और अपने प्रेरितों के हाथों से संकेतों और चमत्कारों के साथ पुष्टि की? आपका क्या बहाना है? अब, आइए देखें कि उस आदमी ने क्या कहा कि उसने क्या खरीदा।

आप देखिए, मुझे बाइबल का ध्यानपूर्वक अध्ययन करना बहुत पसंद है। मुझे उम्मीद थी कि मैं कहूँगा, मैंने ज़मीन का एक टुकड़ा खरीदा है। उसने कहा कि उसने ज़मीन खरीदी है।

इसका क्या मतलब है? आप जमीन कैसे खरीद सकते हैं? लेकिन मुझे पता है कि उन्होंने क्या कहा। आप देखिए, जमीन। अगर

आप अब इसे अंग्रेजी में ठीक से देखें, तो आप आधार की बात कर रहे हैं।

क्या यह ठीक है? आप बात कर रहे हैं, वे कहते हैं, आप किस आधार पर अपना दावा कर रहे हैं? क्या यह सच है? और यह आदमी कहता है, मैंने एक और आधार खरीदा है। मुझे नहीं पता कि आपने कौन सा आधार खरीदा है। कुछ ने कहा कि मानवीय सेवाओं का आधार।

कुछ लोग कहते हैं, देखो, ईसाई धर्म क्या है? क्या यह अपने पड़ोसी के साथ अच्छा व्यवहार करना नहीं है? मैंने कभी नहीं कहा कि यह किसी के लिए अच्छा नहीं होना चाहिए। मैं कभी किसी के खिलाफ़ नहीं खड़ा हुआ। क्या मेरे साथ कोई समस्या है? मैंने एक ज़मीन खरीदी है।

कुछ लोगों ने अकादमिक उत्कृष्टता की ज़मीन खरीद ली है। मुझे अपनी एक मूर्खता याद है, आप जानते हैं कि मेरे पास अच्छे व्याख्याता हैं और मेरे पास मूर्ख भी हैं। मेरे पास एक व्याख्याता था।

मुझे नहीं पता। आप जानते हैं, हम अभी भी गुरुत्वाकर्षण के सिद्धांत को विकसित कर रहे थे। और हम न्यूटन के गुरुत्वाकर्षण के नियम पर विचार कर रहे थे।

और जब हम इसे विकसित कर रहे थे। इसे विकसित कर रहे थे और इसे बना रहे थे। तो इस आदमी ने कहा, वह वास्तव में चाहता है कि हम एक प्रयोग करें।

आप जानते हैं, गुरुत्वाकर्षण के नियम में हमने कहा, दो निकायों के बीच में दो भौतिक वस्तुओं के बीच एक तालाब है। और जब तक आप गुरुत्वाकर्षण क्षेत्र से बाहर नहीं आते, आप नहीं आ सकते, आप हमेशा उस तालाब के नीचे रहेंगे। इसलिए उस आदमी ने कहा है, आइए हम कल्पना करें कि भगवान पृथ्वी के गुरुत्वाकर्षण क्षेत्र से बस कुछ सेंटीमीटर ऊपर है।

क्या अब आप इसे समझ रहे हैं? इस अर्थ में हमें यह गणना करनी चाहिए कि हमें यहाँ से भगवान तक संदेश भेजने में कितना, कितना समय लगेगा। और परिणाम वापस आने में कितना समय लगेगा। हममें से जो कहते हैं, हम प्रार्थनाओं में विश्वास करते हैं।

यह मानते हुए कि सबसे तेज़, हाँ, अब तक ज्ञात सबसे तेज़ गति उस बिंदु पर प्रकाश की गति है। तो चलिए मान लेते हैं कि हमारा संदेश प्रकाश की गति से यात्रा करेगा। क्या आपको पता है कि हमने इसकी गणना कब की? क्या आपको पता है कि हमें क्या उत्तर मिला? कि किसी संदेश के लिए ग्रह पृथ्वी को छोड़ना और गुरुत्वाकर्षण क्षेत्र से बचकर बाहरी अंतरिक्ष में जाना और अगर यह कहा जाए कि ईश्वर बाहरी अंतरिक्ष में कहीं दूर नहीं है, तो यह उससे सिर्फ़ एक सेंटीमीटर आगे है।

जवाब आने में 75 साल, 13 दिन और कुछ सेकंड लगेंगे। और आप जानते हैं कि उसने क्या कहा? उसने कहा कि इसीलिए वह प्रार्थना नहीं करता। क्या आप इसकी कल्पना कर सकते हैं? उसने कहा कि इसीलिए वह प्रार्थना नहीं करता।

क्योंकि वह जानता है कि वह मूर्ख है। भले ही ईश्वर आपके लिए एक प्रार्थना अनुरोध करने के लिए मौजूद हो, लेकिन उत्तर पाने के लिए 75 साल का समय लगता है और वह बहुत खुश था कि उसने एक खोज की। बेशक हममें से कुछ लोग जो बेहतर जानते थे, हमने उसे बताया और कहा कि क्षमा करें, आप गलत हैं।

मैंने आज सुबह उससे बात की और उसने जवाब दिया कि 'हलेलुया'। सुनो। उसने कहा कि मैंने ज़मीन का एक टुकड़ा खरीदा है।

आपने कौन सी ज़मीन खरीदी? आप में से कुछ लोग, परमेश्वर के वचन पर ध्यान देने से इनकार कर रहे हैं क्योंकि आपके चाचा सरकार में हैं। आपके चाचा मंत्री हैं। हर बार जब हम प्रचार कर रहे होते हैं तो लड़की कहती है कि नहीं, नहीं हम सरकार में हैं हम सरकार में हैं, हम सरकार में हैं।

चलो इसके बारे में प्रार्थना करते हैं, उन्होंने कहा कि इसके बारे में प्रार्थना करने की कोई ज़रूरत नहीं है। मैं चाचा से बात करूँगा। आपने कौन सी ज़मीन खरीदी है कि भगवान से इस महान निमंत्रण से आपको एक शानदार आध्यात्मिक अनुभव के लिए माफ़ी माँगी है जिसके लिए आप भुगतान नहीं करने जा रहे हैं।

कुछ युवा लड़कियाँ जब शादी करना चाहती हैं तो हम उनसे कहते हैं कि अपना जीवन यीशु को समर्पित कर दो ताकि तुम्हें एक अच्छा पति मिल सके। उसने कहा नहीं, नहीं, नहीं। मैं अपना चुनाव जानता हूँ।

मैं समझता हूँ कि आप देखिए। अगर मैं कहता हूँ कि मैं अब आपकी संगति में जा रहा हूँ, तो आपके कुछ भाई जो बीच में ही छोड़ कर चले गए हैं, वे कहते हैं कि मैंने आपके लिए एक दर्शन देखा है। वे सभी लोग जिनके पास लोग नहीं हैं, जिनके पास कोई नहीं है जो उन्हें ढूँढ़ रहा हो, वे ही लोग आपकी संगति में शामिल होते हैं।

मुझे देखो मैं सुंदर हूँ, मैं क्यूट हूँ और मैं कटी हुई हूँ। मैं तुम्हें बता दूँ कि सबसे खूबसूरत महिलाओं के पास घर नहीं होता। उनके पास घर नहीं होता।

आपने कौन सी ज़मीन खरीदी है? आपने इस भोजन के समय कौन सी ज़मीन खरीदी है? आपने कौन सी ज़मीन खरीदी है जिसके लिए आप यीशु से माफ़ी माँग रहे हैं? आप भोजन के समय कहाँ जा रहे हैं? आप अंधेरे में क्या देखने जा रहे हैं? आप अंधेरे में ज़मीन का निरीक्षण कैसे कर सकते हैं? अगर उस ज़मीन के अंदर कोई साँप है तो क्या आप उसे देख सकते हैं? आप देखिए कि आप प्रभु से माफ़ी माँगकर अपने साथ यही करते हैं। हर बार जब परमेश्वर का वचन किसी व्यक्ति के पास आता है और वह अपनी टोपी या अपनी टोपी या अपना चश्मा लेता है और बाहर निकल जाता है और कोई निर्णय नहीं लेता है तो वह कहता है कि प्रभु मुझे माफ़ी दे। मुझे इसमें कोई दिलचस्पी नहीं है।

मेरे पास एक आधार है। व्यावसायिक संपर्कों का आधार? और कुछ लोग कहते हैं कि देखो मैं वहाँ होता लेकिन तुम देखो मेरे पास कुछ व्यवसाय हैं, कुछ व्यवसाय हैं, कुछ व्यवसाय हैं। क्या

व्यवसाय तुम्हारा नया आधार है? विवाह भोज का बहिष्कार करने के लिए? कृपया मुझे माफ़ करें।

मैंने एक ज़मीन खरीदी है। कौन सी ज़मीन? आप किस ज़मीन पर खड़े हैं? लेकिन लिखते समय याद रखें। मैं मसीह की पवित्र चट्टान पर खड़ा हूँ, बाकी सारी ज़मीनें डूबती हुई रेत हैं।

बाकी सारी जमीन डूबती रेत है। बाकी सारी जमीन डूबती रेत है। हममें से कुछ लोगों ने अभी-अभी आकर्षण का एक नया मैदान खरीदा है।

ताबीज़। आप सोच रहे होंगे कि पढ़े-लिखे लोग ताबीज़ का इस्तेमाल नहीं करते। मत बताइए।

यह सच नहीं है। जो दफन है, हम घर में घुसने वाले हैं, उस बकरी को दफना दिया गया है। इसलिए जब आप लोगों को देखते हैं तो वे बाहर आ जाते हैं।

वे इतने साहसी हैं। वे इतने साहसी इसलिए हैं क्योंकि गांव के बाबा ने उन्हें कुछ दिया है। जब आप छोटे थे तो आपको कोला नट खाना नहीं आता था।

अब तुम कोला नट खा रहे हो। और यीशु ने कहा कि आओ मैं तुम्हें आराम दूंगा। जब तुम अपना जीवन मेरे हाथ में सौंप दोगे, जब तुम अपना जीवन मेरे हाथ में सौंप दोगे तो तुम्हारे खिलाफ बनाया गया कोई भी हथियार सफल नहीं होगा।

लेकिन उसने कहा कि मुझे इस बात का बहाना दो। मैंने अभी-अभी एक नया मैदान खरीदा है। युवती, तुमने अभी कौन-सा मैदान खरीदा है? हो सकता है कि वह मैदान उस युवक का हो जिसके बारे में वह कहता है कि वह तुमसे शादी कर रहा है।

वह मुझे परेशान करके कहता है कि मेरी तलाशी लो, वह तुम्हें छोड़ देगा। वह मुझे परेशान करता है। किसी की शादी हुई और तीन महीने बाद ही पति की मौत हो गई।

यही वह महिला है जिसके लिए तुमने यीशु को मना कर दिया। तुमने कौन सी ज़मीन खरीदी है? अब अगला वाला देखो। सर, हमारे लिए पढ़ते-पढ़ते थक मत जाना।

एक बार और पढ़ें। श्लोक 90. एक और ने कहा कि मैंने पाँच जोड़ी बैल खरीदे हैं।

मैं उन्हें साबित करने जा रहा हूँ। मुझे माफ़ कर दो। किस समय? रात के खाने के समय।

आप देख सकते हैं कि बहाने बेवकूफ़ी भरे थे। मुझे लोगों का अपमान करना पसंद नहीं है, लेकिन मैं आपको बता दूँगा कि यीशु के इस निमंत्रण को अस्वीकार करने के लिए आपके पास जो भी कारण है, वह कारण बेवकूफ़ी भरा है। यह एक बेवकूफ़ी भरा कारण है।

तुम ठीक से नहीं सोच रहे हो। रात के खाने के समय। रात के खाने के समय मैं उन्हें साबित करने जा रहा हूँ।

एक आदमी क्या साबित कर सकता है? तुम क्या साबित कर रहे हो? और तुम मुझे किसके सामने साबित कर रहे हो? इस रात के खाने के समय तुम क्या साबित कर रहे हो? तुम इस देर रात को क्या साबित कर रहे हो? एह? कुछ ऐसा जिसके लिए तुम 21 साल की उम्र से संघर्ष कर रहे हो। अब तुम 45 साल के हो। तुम्हें वह नहीं मिला जिसकी तुम्हें तलाश थी।

तुम अब भी कहती हो कि तुम इसे साबित कर दोगी। तुम क्या साबित कर रही हो? एह? तुम शादीशुदा हो? 20 साल हो गए। तुम्हारे पति ने लड़कियों के पीछे भागना बंद नहीं किया है।

वह कई बार आपको ऐसी लड़कियों के साथ शर्मिंदा करता है जो आपकी छोटी बेटी या आपकी छोटी बहन जैसी होती हैं। और आप देखिए। मैं कहूंगा, देखिए, केवल यीशु ही उस स्थिति को बदल सकता है।

आप कहते हैं, नहीं। नहीं। मैंने अभी कुछ नई तकनीकें सीखी हैं।

कुछ नई खाने की रेसिपी। मैं उन्हें साबित करने जा रहा हूँ। तुम क्या साबित कर रहे हो? तुम क्या साबित कर रहे हो, मेरे भाई? माँ, तुम क्या साबित कर रहे हो? मैं तुम्हें माँ कहता हूँ क्योंकि अब तुम दादी बन गई हो।

अपने जीवन के इस रात्रिभोज के समय आप क्या साबित कर रहे हैं? आप क्या साबित कर रहे हैं? अगर वह चीज़ आपके लिए काम करेगी, तो उसे काम करना चाहिए था। अब्बू? अगर इसमें कोई रास्ता है, अब्बू, तो आपको उसे खोज लेना चाहिए था। रातों की

नींद हराम हो जाती है, वे कहते हैं, यहाँ जाओ, यहाँ जाओ, यहाँ जाओ।

मेरे एक वरिष्ठ भाई, जो प्रोफेसर हैं, हम एक ही गांव से हैं। तुम्हें पता है कि उनके साथ क्या हुआ? मुझे नहीं पता था कि उन्होंने कब पश्चाताप किया, इसलिए मैं कार्डिनल के पास गया जो उपदेश दे रहे थे और प्रोफेसर मीटिंग में थे। मैंने कहा, वह मेरा भाई है, हम एक ही गांव से हैं।

वह बहुत उत्साहित था, उसने कहा कि मुझे उस रात उसके साथ सोना चाहिए। इसलिए मैं उसके पीछे चला गया। प्रोफेसर ने कहा, देखो, मुझे तुम्हें बताना चाहिए कि कैसे भगवान ने मेरी जान बचाई।

मैंने कहा, क्या हुआ? प्रोफेसर सेलेस्टियल चर्च में थे। क्या आप एक प्रोफेसर की कल्पना कर सकते हैं? प्राइमरी 6 के बाद ड्रॉप आउट। गुरिल्ला, गुरिल्ला पहने हुए।

वे जूते नहीं पहनते। आपने नहीं देखा कि मैं किस बारे में बात कर रहा हूँ। इसलिए वे इज़राइल चले गए।

वे इसराइल गए। वे नेता के साथ पवित्र तीर्थयात्रा के लिए यरूशलेम गए। और आप जानते हैं कि उन्हें कभी जूते नहीं पहनने चाहिए।

उस गर्म क्षेत्र में बहुत गर्म सूरज। अगर प्रोफेसर खुद यहाँ नहीं होते, तो मैं उनसे पूछ लेता कि क्या हुआ।

आप देखिए, जब वे आगे बढ़ रहे थे तो उसका सिर गर्म था और उन्हें काट रहा था। इसलिए आप वास्तव में अपने पैर को आराम नहीं दे सकते और कमर को मजबूत नहीं रख सकते।

तो इस तरह से वे आगे बढ़े। वह कई सालों तक कुछ साबित करता रहा। फिर एक दिन अचानक परमेश्वर के वचन का एक संदेशवाहक आया और उसने प्रचार किया।

उन्होंने कहा कि जब वह व्यक्ति उपदेश दे रहा था, तो वह ऐसी बातें कर रहा था जैसे हम भी अन्य भाषाएँ बोलते हैं। हम भी दर्शन देखते हैं। हम भी यह करते हैं, हम भी वह करते हैं।

उससे पूछने वाले व्यक्ति ने कहा, "जब से तुम दर्शन देख रहे हो, क्या तुम्हारा जीवन बदल गया है?" वह उस प्रश्न का उत्तर नहीं दे सका। भगवान का शुक्र है। आज वह पवित्र आत्मा से भरकर फिर से जन्मा है।

हेलेलुयाह। अब मैं आपसे पूछ रहा हूँ, आप क्या साबित कर रहे हैं? अपने जीवन के इस अंतिम समय में आप क्या साबित कर रहे हैं? और यह मुद्दा जिसके बारे में मैं आज रात आपसे बात कर रहा हूँ, बाबा कहते हैं कि इसे लिखो। इसे लिखो।

इसे अपने दिल से मत निकलने दो। लिखो। और दूसरा कहता है कि मैंने शादी कर ली है।

मुझे नहीं पता कि वह अंग्रेजी कितनी सही है। मैंने एक पत्नी से शादी की है। सही अंग्रेजी क्या होनी चाहिए थी? मैंने शादी की है या मैंने एक महिला से शादी की है।

मैंने एक पत्नी से शादी की है। माफ़ कीजिए। पत्नी कौन है? पत्नी कौन है? जिसने शादी की है।

तो इस आदमी ने कहा कि मैंने एक शादीशुदा औरत से शादी की है। उसने यही कहा। क्या तुमने देखा? मैंने एक शादीशुदा औरत से शादी की है।

मुझे माफ़ कर दो। क्या इसीलिए तुम चाहते हो कि हम तुम्हें माफ़ कर दें? क्या इसीलिए तुम चाहते हो कि भगवान तुम्हें माफ़ कर दें? कि तुमने एक पत्नी देखी है, कहीं किसी मिस्टर समवन की पत्नी और तुम उसी से शादी करने जा रहे हो। शुगर मम्मियाँ।

एह? योरुबा, उनके लिए एक नाम है। क्या आप उनका नाम जानते हैं? ओमाटानु। उन्होंने सब कुछ खत्म कर दिया है फिर भी वे हर जगह पेंटिंग कर रहे हैं।

तुम देखते हो? तुम एक दादी को अभी भी ब्लीच करते हुए देखते हो। तुम उसी से शादी करना चाहते हो। और तुम कहते हो कि हम तुम्हें माफ़ कर देंगे।

तो मैंने कहा, देखो, मैं तुम लोगों के साथ इसलिए नहीं आ सकता क्योंकि जब हम यहाँ आएँगे तो तुम कहोगे कि मैं पत्नी से शादी नहीं करूँगा। अगर यह सही शादी होती, तो बाइबल कहती है, जिसे

परमेश्वर ने जोड़ा है, उसे कोई अलग न करे। तो तुम और तुम्हारा घराना बच जाएगा।

अगर यह एक सही शादी थी। शादी को कभी भी किसी भी आदमी को शादी के भोज से दूर नहीं रखना चाहिए। आपकी पत्नी आपको परमेश्वर के राज्य से दूर नहीं ले जा सकती, सिवाय इसके कि आपने किसी पत्नी से विवाह किया हो।

तुम जो भी कर रही हो, कि तुम एक शादीशुदा औरत से शादी कर रही हो, जबकि उसका पति अभी भी जीवित है, मुझे नहीं पता। तुम उससे क्या हासिल करना चाहती हो? और मैं कहता हूँ जवान लड़की, मैंने एक शादीशुदा आदमी से शादी की है। मैंने एक पति से शादी की है।

एह? तुम पति के साथ क्या कर रही हो? फिर तुम क्या करना चाहती हो? तुम जवान हो। तुम क्या साबित कर रही हो? और तुम कह रही हो कि इसी कारण से हम तुम्हें माफ़ कर देंगे। भगवान आम तौर पर मनुष्य को बुलाता है, हर अच्छी चीज़ जो तुम्हारे साथ होगी, वह एक नौकर को भेजकर आती है।

क्या आप इसे समझ रहे हैं? आपके चंगे होने के लिए, आपके उद्धार के लिए, आपके पवित्र होने के लिए, आपके उद्धार के लिए, आपके साथ अच्छी चीजें होने के लिए, परमेश्वर को एक सेवक के माध्यम से आपके पास एक संदेश भेजना होगा। यह एक सौभाग्य की बात है कि हम आज रात यहाँ हैं। आप एक और सेवक के माध्यम से जा रहे हैं जिसे परमेश्वर आपके पास भेज रहा है।

आप इसका क्या करेंगे? आप इसका क्या करेंगे? किसी ने एक प्रस्ताव रखा। किसी ने एक प्रस्ताव रखा। और इसे स्वर्ग में अस्वीकार कर दिया गया।

वह प्रस्ताव अद्‌भुत लग रहा था। शायद आप भी ऐसा ही प्रस्ताव बना रहे हों, लेकिन मैं आपको उस प्रस्ताव की निरर्थकता दिखाता हूँ। क्या आपको याद है कि बाइबल ने हमें अमीर आदमी और लाज़र के बारे में बताया था? क्या आपको अमीर आदमी और लाज़र याद है? अब अमीर आदमी यहाँ धरती पर था, उसने सब कुछ किया, उसने सब कुछ किया, उसने सब कुछ किया।

वह मर गया। बाइबल कहती है, वह सीधे नरक में चला गया। और बाइबल कहती है, जैसे ही वह नरक में गया, जब वह नरक में पहुँचा, तो उसकी आँखें खुल गईं।

उसने पीड़ा में अपनी आँखें ऊपर उठाईं। जो कुछ भी अभी लोगों की आँखें बंद कर रहा है, एक बार जब वे मर जाएँगे, तो उनकी आँखें खुल जाएँगी। वे देख पाएँगे।

छोटी-छोटी लड़कियाँ हैं, वे कहती हैं, शादी मत करो, शादी मत करो, शादी मत करो। वह कहता है, नहीं, नहीं, नहीं, नहीं, मैं उससे शादी करूँगा, मैं उससे प्यार करता हूँ, वह मुझसे प्यार करता है। क्या आपको पता है कि दूसरे दिन आपकी आँखें खुल जाएँगी? और आपको पता चलेगा कि आप पहले वाले भी नहीं हैं।

तुम तो दूसरे नंबर पर भी नहीं हो। तुम तो घर में बस एक गैजेट हो। लेकिन अगर यह कोई साधारण शादी होती तो मुझे कोई चिंता नहीं होती।

क्योंकि कम से कम आप इससे तो गुजरेंगे। लेकिन नरक से वापस लौटना असंभव है। नरक ऐसी चीज नहीं है जिसके बारे में मजाक किया जाए।

और भगवान को न बताना, क्या तुम समझ सकते हो? आज रात मैं जो कह रहा हूँ उसे फिर से बताना, तुम जानते हो कि तुम मुझे क्या बता रहे हो? जाओ और उसे बताओ जिसने तुम्हें भेजा है। अगर तुम्हारे पास बचने के कई तरीके हैं, तो मैं इंतज़ार करूँगा, मैं तुम्हारी प्रतिक्रिया लेने का इंतज़ार करूँगा। मैं इंतज़ार करने जा रहा हूँ।

मैं इंतज़ार करने जा रहा हूँ। आप जो भी मुझे उससे कहने को कहेंगे, मैं उसे बताने जाऊँगा। लेकिन अगर आप जवाब देंगे, तो यह अद्भुत होगा।

अब, यह आदमी नर्क में गया। लूका के अध्याय 16 की आयत 24 में, बाइबल कहती है, नरक में, उसने पीड़ा में अपनी आँखें उठाईं, और कहा, अब्राहम, एक फिरौन, और उसकी गोद में लाज़र। और उसने पुकार कर कहा, पिता अब्राहम, मुझ पर दया करो।

लाजर को भेजो, ताकि वह क्या करे? वह अपनी उंगली की नोक पानी में डुबोकर मेरी जीभ को ठंडा कर दे। क्योंकि मैं इस ज्वाला में तड़प रहा हूँ। क्या तुमने फिर से उसका अपना विज्ञान कहा? क्या

तुमने विज्ञान कहा? उसने क्या कहा कि लाजर क्या करेगा? अब, चलो भूल जाते हैं कि लाजर एक स्वच्छ व्यक्ति नहीं है।

हुह? मान लेते हैं कि कोई समस्या नहीं है। तो, स्वच्छता के सभी नियम, सभी जीवाणु विज्ञान जो उसने सीखा है, उसने किसी भी तरह से नहीं किया है और मैं कहता हूँ, उसे अपनी उंगली डुबाने दो। मुझे पता है कि अगर कोई आपको पीने के लिए एक कप पानी देना चाहता है और उसकी उंगली अचानक उससे छू जाती है, तो आप क्या उम्मीद करते हैं? क्या आप इसे पीएंगे? नहीं, नहीं, नहीं, नहीं।

बस इसे फेंक दें और कप को धो लें। लेकिन यह आदमी, वह मानता है कि वह एक गहरी उंगली वाला लाजर है। मैं आपसे पूछता हूं, पानी में एक उंगली डुबोएं, आइए कल्पना करें कि कोई समस्या नहीं है।

यह कितना पानी ले जा सकता है? हं? एक बूँद। अब रुको। अब रुको।

आइए कल्पना करें कि जिस एक बूंद के बारे में हम बात कर रहे हैं, हम मान रहे हैं, हम अब एक सिद्धांत बना रहे हैं। आप जानते हैं, जब भी हम विज्ञान में सिद्धांत विकसित कर रहे होते हैं, तो हम सभी अन्य चरों से निपटने की कोशिश करते हैं, आप देखते हैं, अन्य सभी चर स्थिर रहते हैं। तो आइए उन सभी चरों को देखें जो स्थिर हैं।

हाथ नहीं हिलेगा। सहमत? क्योंकि अगर उंगलियाँ ज़्यादा हिलेंगी, तो क्या होगा? यह गिर जाएगा। यह नंबर एक है।

तो चलिए मान लेते हैं कि गुरुत्वाकर्षण बल काम नहीं करेगा। क्योंकि आप जानते हैं, पानी की एक बूंद को आपकी उंगलियों पर टिकाए रखने का कारण चिपचिपाहट का सिद्धांत है। क्या अब आप इसे समझ गए हैं? ऐसा इसलिए है क्योंकि पानी एक गोले के रूप में दिखाई देता है और एक संलयन बल है जो इसे केंद्र में बांधता है।

इसलिए यह एक ऐसी गेंद की तरह दिखती है जो गिरना नहीं चाहती। लेकिन जैसे ही आप इसे इस तरह ऊपर या नीचे उठाते हैं, आप इसका आकार एक गोले से बदल देते हैं। यह एक दीर्घवृत्त बन जाता है और फिर गुरुत्वाकर्षण बल इसे नीचे ले आता है।

इसलिए यह एक गिरावट है। तो चलिए मान लेते हैं कि ऐसा नहीं होगा। फिर आप कहते हैं कि यह अभी अब्राहम से बहुत दूर है।

तो चलिए कल्पना करते हैं, आप जानते हैं, अगर यह ऐसा होता, तो यह आसान होता। लेकिन फिर वह ऐसा करता और फिर उसे एक बड़ी दीवार के ऊपर ले जाता और वह चीज़ नीचे नहीं गिरती। चलिए मान लेते हैं कि यह भी स्थिर रहता है।

और फिर उसने कहा, इस ज्वाला में कोई वाष्पीकरण नहीं होगा। क्या तुमने वह सब देखा जो उसने अब माना? जो लोग इस दुनिया में सुसमाचार पर विश्वास नहीं करेंगे, वे बूढ़े होने पर बेवकूफ़ सिद्धांतों पर विश्वास करेंगे। मुझे विश्वास नहीं होता कि तुम इतने चतुर हो कि तुम कुछ भी विश्वास नहीं करते।

तुम किसी मूर्खतापूर्ण बात पर विश्वास करोगे। जिन लोगों ने उसे ईश्वर मानने से इनकार कर दिया, उसने उन्हें एक निंदनीय मन के हवाले कर दिया। और अब वे पूजा करते हैं, वे अब किसी ऐसी चीज़ के अधीन हो जाते हैं जो ईश्वर से कम है।

यही तो यह आदमी विश्वास कर रहा था। लेकिन फिर भी, देखिए उन्होंने उसे क्या उत्तर दिया। उन्होंने क्या कहा? याद रखें कि आप अपने जीवनकाल में अच्छी चीजें प्राप्त करते हैं और उसी तरह लाज़र भी, लेकिन अब वह सांत्वना पा रहा है और आप पीड़ित हैं।

इन सबके अलावा, हमारे और तुम्हारे बीच एक महान ईश्वर है। इसलिए जो लोग यहाँ से तुम्हारे पास जाएँगे, वे न तो हमारे पास जा सकेंगे, न ही वे जो वहाँ से आएँगे, वे हमारे पास जा सकेंगे। तब कहा जाता है, इसलिए मैं तुमसे प्रार्थना करता हूँ पिता।

वह अब प्रार्थना कर रहा है। लोग नरक में प्रार्थना करेंगे, आप जानते हैं। नरक में बहुत सारी प्रार्थनाएँ होंगी।

गंभीर प्रार्थनाएँ। गंभीर मध्यस्थताएँ। लेकिन ये दो नाम होंगे।

मैं ईश्वर के संदेश के ज़रिए आपसे विनती कर रहा हूँ। आप जानते हैं, मैंने आपसे कहा था कि यह संदेश एक शांत संदेश है। मैं चाहता हूँ कि हम छोटे, छोटे, छोटे, छोटे होते जाएँ, ताकि आप यह न कहें कि आपको नहीं पता कि क्या लिखना है।

आज रात आपके दिल में लिखने के लिए कुछ है। बाइबल कहती है, अब उस आदमी ने कहा, हे परमेश्वर पिता, मैं तुझसे प्रार्थना करता हूँ कि तू उसे मेरे पिता के घर न भेजे। सुनो, भाई सुनो।

जो लोग चूक गए हैं, वे अब नरक में चले गए हैं। काश भगवान आपकी मदद कर पाते, वे रो रहे हैं। क्या आप जानते हैं कि वे क्या कह रहे हैं? वे कह रहे हैं, मुझे माफ करें, मुझे माफ करें, मुझे माफ करें, मुझे माफ करें।

मेरे पाँच भाई हैं। वैली मेरा सबसे छोटा भाई है।

वैली, वैली, वैली, वह अब निर्माण मंत्रालय में काम करता है। वह निर्माण मंत्रालय में सहायक निदेशक है। वे इसे लात मारते हैं।

हाँ, किक इट ने वैली का पीछा किया। वह कानून पढ़ती है। वह याबा, लागोस में कहीं रहती है।

वह एक सफल व्यवसायी है। वह कानूनी प्रैक्टिस में है। लेकिन उन्हें नहीं पता था कि मैं गुमराह हूँ।

फादर अब्राहम! फादर अब्राहम! कृपया, मैं एक मिशनरी को प्रायोजित करना चाहूँगा। सुनो, अगर तुम अपने दोस्तों, सहकर्मियों, माता-पिता, पत्नियों को जानते हो, जो नरक में चले गए हैं, अगर तुम सुनते हो कि वे क्या पूछ रहे हैं कि उन्हें हममें से उन लोगों के साथ क्या करना चाहिए जो अभी तक पार नहीं हुए हैं, तो तुम इस तरह से आत्मसंतुष्ट नहीं होगे। वे जानते थे कि वे उस भूमि पर चले गए हैं जहाँ से वापसी नहीं है।

उनमें जो भी स्वार्थ था, वह अब मर चुका है। वे नहीं चाहते कि तुम वहाँ जाओ। नरक ऐसी जगह नहीं है जहाँ तुम चाहोगे कि तुम्हारा दुश्मन आये, जब तुम उसका अनुभव कर चुके हो।

पिता अब्राहम! मेरे पाँच भाई हैं! कृपया! लाज़र को मेरे पिता के घर भेजो। क्या करने के लिए? क्या करने के लिए? क्योंकि मेरे पाँच भाई हैं कि वह उनके सामने गवाही दे। तो आप देखिए, नरक में भी, वे जानते हैं कि बचने का एकमात्र तरीका किसी के द्वारा क्या करना है? गवाही देना है।

सेवक को उपदेश देना होता है। किसी को तुम्हें बताना होता है कि क्या करना है। मैं जिस आदमी से पूछ रहा था, उसे मेरे पिता के घर जाने दो ताकि वह उनके सामने गवाही दे।

उन्हें भी इस यातना की जगह में आने दो। वह दोस्त जिसके साथ तुमने पाप करना शुरू किया, जो गर्भपात के कगार पर मर गई। वह अब नरक में है।

और वह तुम्हारे नाम के लिए रो रही है। वह कहती है, हम्म, चिंगरे! चिंगरे! चिंगरे इस काम में मेरी सहकर्मी थी। मुझे नहीं पता था।

मुझे नहीं पता था। पिता अब्राहम! पिता अब्राहम! किसी को चिंगरे के पास भेजो! चिंगरे! मैं तुम्हें एक पता और फ़ोन नंबर दूँगा। किसी को भेजो! लाज़र को भेजो ताकि वह उनके सामने गवाही दे सके।

चिंगेरे! वह वहाँ है। और तुम्हें पता है कि मुझे क्या परेशान कर रहा है? क्या तुम कल्पना कर सकते हो कि वह आदमी नरक में कैसा व्यवहार कर रहा था? हर बार उसका छोटा भाई वैली कार चला रहा होता है और वह बचकर निकल जाता है और पूछता है, अरे, अरे, अरे! फादर अब्राहम! फादर अब्राहम! वह लगभग आ ही गया। और माफ़ करना, किसी ने मुझसे बात नहीं की।

कोई भी मुझे यह दिखाने नहीं गया कि मैं बुरी स्थिति में हूँ। देखो उन्होंने उसे क्या जवाब दिया। अब्राहम ने उससे कहा, उनके पास मूसा और भविष्यद्वक्ता हैं।

उन्हें सुनने दो। तुम समझ नहीं रहे हो। अरे, वे तो विनती कर रहे हैं कि उन्हें दूसरे प्रचारक भेजने चाहिए।

लेकिन स्वर्ग कहता है, भाई बिली वहाँ मर चुका है। पादरी चार्ल्स अभी भी प्रभारी हैं। श्री कुले अभी भी उसी कार्यालय में हैं।

वह सब कुछ जान चुका है। कुले उसे बताएगा। उन्हें कुले की बात सुनने दो।

ये दो मुद्दे हैं जिनके लिए मुझे आपसे प्रार्थना करनी चाहिए। क्या आप मेरा अनुसरण कर रहे हैं? यदि आप यहाँ हैं और आपने सेवकों को अस्वीकार कर दिया है, यदि आप उन सेवकों को नहीं सुनते हैं जिन्हें परमेश्वर आपके पास भेज रहा है, तो कोई दूसरा विकल्प नहीं है। लेकिन मान लीजिए कि आप आज रात यहाँ मेरे सामने बैठे हैं और वे आपका नाम ले रहे हैं।

जब उसके पास गए लोग रो रहे थे, तो उन्होंने कहा, इसीलिए हमने सिस्टर उचे को उसके साथ एक ही दफ़्तर में रखा है ताकि वह चिहिरो से बात करे। उन्होंने कहा, क्या? तो, उन लोगों में से एक मर गया और फिर से नरक में चला गया। और फिर, वह लड़की चिहिरो से मिली और बोली, अरे, तुम्हें संदेश नहीं मिला? तुम्हारा मतलब है कि तुम्हें संदेश नहीं मिला? पूरे सुसमाचार के व्यवसायी जिन्हें उन्होंने तुम्हें आमंत्रित किया था, तुम नहीं गए? उसने कहा, नहीं, मैं नहीं गया।

उचे अभी आ रही होंगी। तुम्हारा मतलब है कि तुम उचे से नहीं मिलीं? उसने कहा, मैं उनसे मिला था। लेकिन, जब भी हम मिलते थे, वह राजनीति पर चर्चा करती थीं।

दरअसल, दुर्घटना से पहले जो मुझे यहाँ लेकर आई थी, हम अपाचे सरकार के बारे में चर्चा कर रहे थे। हमने इसी पर चर्चा की, चर्चा की, चर्चा की, चर्चा की। और मैंने उससे कहा कि कल हम इसे जारी रखेंगे।

मुझे नहीं पता था कि मैं वहां वापस नहीं आऊंगा। माफ़ करना। माफ़ करना।

मैं यहाँ नहीं रहना चाहता था। मैंने गलती की। परमेश्वर के वचन के संदेश को अस्वीकार करके मैंने गलती की।

तो, आखिरकार तुम यहाँ हो। और उन्होंने कहा, उचे, हमने तुम्हें चिहिरो के पास संदेश देने के लिए भेजा था। तुम राजनीति की बात कर रहे हो।

आप नाइरा पर चर्चा कर रहे हैं। अब एक डॉलर 85 नाइरा है। यह उस आत्मा की कैसे मदद करेगा जो नरक के कगार पर है? नहीं! हमेशा के लिए! लेकिन अगर कोई मरे हुओं में से जाता है, तो वह वापस आ जाएगा! उन्होंने कहा, अगर वे मूसा और नबियों की बात नहीं सुनते, तो भले ही कोई मरे हुओं में से जी उठे, वे भी राजी नहीं होंगे।

मैं आपसे पूछना चाहता हूँ, मुझे नहीं पता कि आप किसी के मरने और आने का इंतज़ार कर रहे हैं या नहीं। आप जानते हैं, हममें से कुछ लोगों को कहानियाँ पसंद होती हैं। कहानियाँ।

जल्द ही कोई फिर से मरेगा। और पाँच दिन, छह दिन बाद, वह मृतकों में से जी उठेगा। और वे कहते हैं, मेरे पास एक संदेश है।

मेरे पास एक गवाही है। मैंने स्वर्ग देखा। मैंने नरक देखा।

इसीलिए भगवान कहते हैं कि आओ और तुमसे प्रार्थना करो। तुम ऐसा करोगे। तो तुमने उन्हें देखा।

क्या आपने मेरे भाई को देखा? क्या आपने उसे देखा? आखिरकार, उसने कहा, इस मंत्रालय को जारी रखने के लिए, आपको वास्तव में कुछ देना होगा। क्योंकि यह संदेश, मुझे स्वर्ग से ही मिला है। और यह आपके लिए है।

उन्होंने कहा कि मुझे आकर तुम्हें बताना चाहिए। और वह आदमी अगले एक साल में करोड़पति बन जाएगा। क्योंकि तुम एक साधारण संदेश नहीं सुन पाओगे।

तुम्हें परिष्कृत चीजें पसंद हैं। तुम्हें बातें सुनना पसंद है। वे मूसा और पैगम्बरों की बातें नहीं सुनते।

अगर कोई मर गया और फिर से जीवित हो गया, तो भी आप उसे जान जाएँगे। हम यहीं रुक रहे हैं। और हम प्रार्थना करने जा रहे हैं।

मैं चाहता हूँ कि जब हम साथ मिलकर प्रार्थना करें तो आप खड़े हो जाएँ। मैं चाहता हूँ कि आप जहाँ भी हों, अपने पैरों पर खड़े हो जाएँ। भाई, भगवान ने मुझे फिर से आपके पास भेजा है।

भाई, युवती, रुको। मुझे कोई जवाब दो जिसे मैं स्वर्ग ले जाऊँ। जब तक तुम मुझे वापस नहीं भेज दोगे, मत जाओ।

मैं उससे क्या कहूँ जिसने मुझे तुम्हारे पास भेजा है? आओ हम सब मिलकर प्रार्थना करें। क्या तुम कह रहे हो कि तुम्हारे पास तुम्हारे हुनर हैं? क्या तुम कह रहे हो कि मैंने कहाँ से ज़मीन खरीदी है? आत्म-धार्मिकता की ज़मीन? व्यापार की ज़मीन? पैसे की ज़मीन? नए अनुबंध की ज़मीन? राजनीति की ज़मीन? नई नियुक्ति की ज़मीन? या तुम अभी-अभी अमेरिका से वीज़ा लॉटरी जीतते हो और यह तुम्हारे लिए सुसमाचार को अस्वीकार करने का एक नया आधार है? तुमने कौन सी ज़मीन खरीदी है? या क्या तुम्हें अभी-अभी कुछ नई शर्तें मिली हैं जिनके बारे में तुमसे कहा गया है कि यह कभी विफल नहीं होगी? जो कोई भी तुम्हारे खिलाफ़ खड़ा होगा, वह बस हकलाएगा। तुम कह रहे हो, मेरे हुनर में दम है, मुझे इसे आज़माने दो।

हम प्रार्थना कर रहे हैं। आप चाहते हैं कि मैं उससे क्या कहूँ जिसने मुझे आज रात आपके पास भेजा है? माफ़ करें। आप चाहते हैं कि मैं भगवान से क्या कहूँ? उसने मुझे आपको देने के लिए एक संदेश भेजा है।

इस संदेश का जवाब देने के अलावा देश के सबसे शक्तिशाली उप-क्षेत्र में आने का कोई और रास्ता नहीं है। भगवान ने पहले भी आपके पास कई अन्य भाइयों को भेजा है, लेकिन आप कहते हैं कि आप समझ नहीं पाए। मुझे उम्मीद है कि आज रात आप समझ गए होंगे।

आपकी प्रतिक्रिया क्या है? हम प्रार्थना कर रहे हैं, हम प्रार्थना कर रहे हैं। और प्रभु ने कहा, इस बात को लिख लें क्योंकि इन दिनों में से एक दिन, अनंत काल में, यह संदेश फिर से आएगा। अनंत काल में, वे आपसे फिर से पूछेंगे।

क्या आप मीटिंग में नहीं थे? क्या आपने नहीं सुना कि उन्होंने क्या कहा? अच्छा, भगवान से बात करो, भगवान से बात करो। तुम चाहते हो कि मैं आज रात तुम्हारी ओर से भगवान से क्या कहूं? तुम स्वर्ग में क्या संदेश भेज रहे हो? और तुम देखो, बाबा पहले से ही यहाँ हैं। वह तुम्हारी बात सुनना चाहते हैं।

वह सुनना चाहता है कि आप क्या कह रहे हैं। क्या आप अपना दिल खोलकर कहेंगे, प्रभु, मैं आना चाहता हूँ। यह भोज का समय है, मुझे इसका हिस्सा बनना चाहिए।

यह भोजन का समय है, मुझे इसमें शामिल होना चाहिए। मुझे उस मेज़ पर अपनी जगह नहीं छोड़नी चाहिए। चूँकि आपने मुझे इस योग्य समझा है कि मैं आज रात फिर से यह संदेश सुनूँ, प्रभु, मैं खुद को माफ़ नहीं करूँगा।

मुझे इसका हिस्सा बनना ही होगा। मुझे इसका हिस्सा बनना ही होगा। हम प्रार्थना कर रहे हैं, हम प्रार्थना कर रहे हैं, हम प्रार्थना कर रहे हैं।

हम जल्द ही समाप्त हो जाएंगे। हम कुछ समय से यहां हैं, लेकिन हम स्वर्ग को जवाब भेजना चाहते हैं। आप चाहते हैं कि परमेश्वर आज आपसे क्या कहे? क्या आप कहेंगे, देखो, मैं आ रहा हूँ।

या फिर तुम कह रहे हो, मुझे माफ़ कर दो। मैं नहीं आया हूँ। मैंने शादी कर ली है।

मैंने एक पति से विवाह किया है। आपने किस पत्नी से विवाह किया? आपने नौकरी से विवाह किया? आपने किस घर से विवाह किया? आपने किससे विवाह किया? आप कह रहे हैं कि, परमेश्वर, आपने उनके आशीर्वाद से छूट ली है? क्या आपने उनकी शक्ति से छूट ली है? क्या आपने उनके उद्धार से छूट ली है? मेरे भाई, आपने क्या खरीदा है? आप किस नई ज़मीन पर खड़े हैं? उस ज़मीन पर जहाँ से उनका बेटा निकलता है।

सेवकाई में होने का विशेषाधिकार

पॉडकास्ट ऑडियो संदेश नीचे दिया गया है:

https://podcasters.spotify.com/pod/show/otakada/episodes/Brother-Gbile-Akanni-Messages--The-Privilege-of-being-in-Ministry-e2knmf1

इस वर्ष पादरी के लिए हमारा विषय है, क्रूसित जीवन, क्रूसित को उपदेश देना।

क्रूस पर चढ़ाया गया जीवन, मसीह का प्रचार करना और क्रूस पर चढ़ाया जाना। मैं चाहता हूँ कि आप कृपया अपनी बाइबल में 1 कुरिन्थियों 1 की पुस्तक खोलें। 1 कुरिन्थियों 1, पद 17 से पद 31 तक। क्योंकि मसीह ने मुझे बपतिस्मा देने के लिए नहीं, बल्कि सुसमाचार का प्रचार करने के लिए भेजा है, शब्दों के ज्ञान के साथ नहीं, ऐसा न हो कि मसीह का क्रूस व्यर्थ हो जाए।

क्योंकि क्रूस की कथा नाश होनेवालों के निकट मूर्खता है, परन्तु हम उद्धार पानेवालों के निकट परमेश्वर की सामर्थ है। क्योंकि लिखा है, कि मैं ज्ञानवानों के ज्ञान को नाश करूंगा, और समझदारों की समझ को तुच्छ कर दूंगा। कहां रहा ज्ञानवान? कहां रहा शास्त्री? कहां रहा इस संसार का विवादी? क्या परमेश्वर ने इस संसार के ज्ञान को मूर्खता नहीं ठहराया? क्योंकि उसके बाद परमेश्वर के ज्ञान के अनुसार संसार ने ज्ञान से परमेश्वर को न जाना।

उसने विश्वास करनेवालों को बचाने के लिए मूर्खता से प्रचार करके परमेश्वर को प्रसन्न किया। क्योंकि यहूदी तो चिन्ह चाहते हैं, परन्तु यूनानी ज्ञान की खोज में रहते हैं। परन्तु हम यहूदियों के निकट क्रूस पर चढ़ाए हुए मसीह का प्रचार करते हैं, जो ठोकर का कारण है, और यूनानी लोगों के निकट मूर्खता।

परन्तु जो बुलाए हुए हैं, क्या यहूदी, क्या यूनानी, उनके निकट मसीह परमेश्वर की सामर्थ्य, और परमेश्वर का ज्ञान है। क्योंकि परमेश्वर की मूर्खता मनुष्यों के ज्ञान से ज्ञानवान है, और परमेश्वर की निर्बलता मनुष्यों के बल से बलवान है। हे भाइयो, अपने बुलाए जाने को तो सोचो, कि न शरीर के अनुसार बहुत ज्ञानवान, और न बहुत सामर्थी, और न बहुत कुलीन बुलाए गए।

परन्तु परमेश्वर ने जगत की मूर्खताओं को चुन लिया है कि बुद्धिमानों को लज्जित करे। और परमेश्वर ने जगत की निर्बलताओं को चुन लिया है कि बलवानों को लज्जित करे। और परमेश्वर ने जगत की इन वस्तुओं को, और तुच्छ वस्तुओं को, और जो हैं नहीं उन्हें भी चुन लिया है, कि जो हैं उन्हें व्यर्थ कर दे।

ताकि कोई प्राणी उसके साम्हने घमण्ड न करे। पर उसी की ओर से तुम मसीह यीशु में हो, जो परमेश्वर की ओर से हमारे लिये ज्ञान ठहरा, अर्थात धार्मिकता, और पवित्रता, और छुटकारा। कि जैसा लिखा है, वैसा ही महिमामय हो, और प्रभु में घमण्ड करो।

अब, क्रूस पर चढ़ाया गया जीवन, मसीह का प्रचार करना, और उसे क्रूस पर चढ़ाया जाना। मैं बस इतना चाहता हूँ कि आप देखें कि

परमेश्वर का वचन हमें क्या देखने के लिए कह रहा है। और जब मैं परमेश्वर का वचन पढ़ रहा हूँ, तो मैं देख रहा हूँ कि परमेश्वर चाहता है कि हम कुछ देखें।

परमेश्वर चाहता है कि हम इस बात पर पुनर्विचार करें कि परमेश्वर ने हमें सेवकाई में कैसे लाया। इस बात पर पुनर्विचार करें कि परमेश्वर ने आपको कहाँ से चुना है। और उस विशेषाधिकार और महिमा पर पुनर्विचार करें जो परमेश्वर ने हमें सेवकाई के कार्य में लगाने के लिए मुझे और आपको प्रदान की है।

एली और उसके गीतों की कहानी मेरे दिमाग में इतनी मजबूती से उभरी कि मैं सेवकाई में होने के विशेषाधिकार को देख रहा था। और मसीह का प्रचार करने का विशेषाधिकार, और मसीह और क्रूस पर चढ़ाए गए मसीह का प्रचार करने का विशेषाधिकार। जीवन के वचन का संरक्षक होने का विशेषाधिकार।

परमेश्वर ने वचनों को संभालने का विशेषाधिकार दिया है। यह विशेषाधिकार तब था जब एली और उसके बेटे सेवकाई में थे। और एली महायाजक था, और उसके दो बेटे ओफेलिया और फिनहास थे।

वे अपने पिता का समर्थन कर रहे थे, वे ही मंत्री थे। और कई चीजें गलत हो रही थीं, और कानून का वचन दुर्लभ हो गया। क्योंकि परमेश्वर अब वेदी पर नहीं आता।

क्योंकि जो लोग वेदी पर खड़े हैं, उन्होंने परमेश्वर के साथ अपना रिश्ता तोड़ दिया है। वे अब बुलावे, वाचा और अपने अभिषेक का

सम्मान नहीं कर रहे हैं। उन्होंने सेवकाई में होने के विशेषाधिकार को हल्के में लिया है।

मैंने देखा कि जब लोग वेदी पर आते थे, तो वे वेदी का तिरस्कार करते थे। वे अपने जीवन में परमेश्वर के बुलावे को ऐसे मानते थे जैसे उसका कोई मतलब ही न हो। जब लोग भेंट चढ़ाते थे, तो वे भूल जाते थे कि यह भेंट प्रभु की भेंट है।

जिसे उन्हें केवल प्रशासित करने या कार्य करने का विशेषाधिकार दिया जा रहा था। वे भूल गए कि भले ही लोग अपनी भेंट वेदी पर लाए हों। और मेमने का खून या जो कुछ भी वेदी पर छिड़का गया था।

और जो कुछ परमेश्वर ने कहा था। परमेश्वर ने कहा, मैंने अपना चढ़ावा हारून याजक की सन्तान को दे दिया है। वे भूल गए कि यह परमेश्वर का चढ़ावा था जो उसने उन्हें दिया था।

और अनजाने में, वे भगवान के काम को ऐसे मानने लगे जैसे कि यह सामान्य बात है। वे भगवान के काम को ऐसे मानने लगे जैसे कि यह कोई सामान्य बात हो। जब लोग भेंट लेकर आए, तो उन्होंने पहले भगवान को भेंट चढ़ाने के बजाय, उसे चढ़ाया।

वे अपने मांस के काँटों के साथ आए थे। वे मांस का सबसे अच्छा हिस्सा ढूँढ रहे थे। वे कह रहे थे, पहले पुजारी को दो, नहीं तो हम तुम्हारा चढ़ावा नहीं चढ़ाएँगे।

और लोग उनसे विनती करते थे, कृपया अब कहो, मैं यह नहीं कह रहा कि तुम नहीं लोगे। लेकिन चलो पहले इसे प्रभु को अर्पित करते हैं। कहो, क्या तुम हमें सिखाओगे कि सेवकाई कैसे करनी है? ये चीजें वे कर रहे थे, उन्होंने सेवकाई को घृणित बना दिया।

इस हद तक कि लोग अब वेदी पर नहीं आते। इस हद तक कि जो लोग आते भी हैं, वे अब किसी उम्मीद के साथ नहीं आते। और समय बीतने के साथ ये लड़के और भी ज़्यादा लापरवाह हो गए।

यहाँ तक कि वे महिलाएँ भी जो प्रार्थना करने के लिए वेदी पर आती हैं। ये लोग अब परमेश्वर से नहीं डरते। वे वेदी पर महिलाओं के साथ सोएँगे।

इसलिए जब परमेश्वर ने खड़े होकर कहा, एली, मैं तुझे चेतावनी देता रहा हूँ। तेरे दिनों में मैं एक काम करूँगा। जो कोई सुनेगा उसके कान क्या करेंगे? खनक उठेंगे।

एक दिन में, मैं तुम्हारा पुरोहितत्व समाप्त कर दूँगा। एक दिन में, मैं तुमसे जुड़ी हर चीज़ को हटा दूँगा। और तुम्हारे कुल में फिर कोई नहीं बचेगा।

और अगर कोई बचा भी तो वह सिर्फ़ भीख मांगता और कहता, प्लीज़ मुझे भी रोस्टर में शामिल कर लो। ताकि मैं कम से कम मंत्री तो बन सकूँ, खाने के लिए कुछ कमा सकूँ। कहो, पर मैं उसे नहीं दूँगा।

भगवान की सेवा करने का सौभाग्य। तो इस रात, मैं आपका स्वागत करते हुए आपसे तर्क करना चाहता हूँ। आपसे यह पूछना चाहता हूँ कि आप देखें कि भगवान ने आपको कहाँ से लाया है।

और परमेश्वर के कार्य में शामिल होने का अवसर। ताकि इसे सही तरीके से और सही दिल से संभाला जा सके। और मैंने जो अंश पढ़ा है, वह हमें एक सामान्य अवलोकन दे सकता है।

लेकिन आज रात मेरी इच्छा इन सब बातों पर जाने की नहीं है। मैं बस विशेषाधिकार देखना चाहता हूँ। पादरी के रूप में पुरुष और महिला होने का गौरवशाली विशेषाधिकार।

परमेश्वर के वचन को संभालने का विशेषाधिकार। पॉल ने कहा, और मैं पॉल को देखना चाहता था, उसने कुछ कहा। मैं इसे जल्दी से बाहर लाऊंगा और फिर हम आज रात एक साथ प्रार्थना करेंगे।

उसने कहा, क्रूस का प्रचार नाश होनेवालों के लिए मूर्खता है। परन्तु हम उद्धार पानेवालों के लिए यह परमेश्वर की सामर्थ्य है। नाश होनेवाले लोग सोचते हैं कि हम मूर्खता में हैं।

मुझे याद है जब मैंने घोषणा की थी, मैंने अपनी माँ से कहा था कि मैं अब वह सब छोड़ने के लिए तैयार हूँ जो मैं कर रहा था। भगवान मुझे बुला रहे हैं। आह! वह रो पड़ीं।

वह रो पड़ी। उसने कहा, "थोर, इसका मतलब है कि सब कुछ बिखर जाएगा। इसका मतलब है कि अब तुम भीख मांगने जा रहे हो।"

वह कहने लगी, थोर, मैं तुम्हारे सभी भाइयों से कहूँगी कि वे आकर अपने बच्चों को ले जाएँ। चूँकि अब तुम दान पर जीने वाले हो, इसलिए उसे भगवान की सेवा करने के लिए बुलाए जाने की महिमा का पता नहीं था। उसने वास्तव में सोचा कि सरकार की सेवा करना, जो मैं कर रही थी, सर्वशक्तिमान ईश्वर की सेवा में कदम रखने से ज़्यादा गौरवशाली था।

जब मेरी पत्नी भी अपनी मेडिकल प्रैक्टिस छोड़कर पूरे समय के लिए परमेश्वर की सेवा करने के लिए तैयार हो गई। ताकि हम अपने जीवन में परमेश्वर के बुलावे का सामना कर सकें। और मैं उसके साथ वहाँ अपने ससुर, अपने पिता के पास गया।

और जब हम उसके चाचा के साथ बैठे, जो उस समय जीवित बचे एकमात्र चाचा थे। और हमने कहा, हम प्रार्थना कर रहे हैं। जैसा कि आप जानते हैं कि हम प्रचार करने के लिए ऊपर-नीचे जा रहे हैं।

भगवान कह रहे हैं कि हमें इस बात का गंभीरता से सामना करना चाहिए। और साडे भी अपनी नौकरी से इस्तीफा देकर इस काम में आने वाली है। बाबा एकदम खड़े हो गए।

उसने अपने दोनों हाथ अपने सिर पर रखे। और साडे रोने लगा। उसने कहा, काई, जो लोग उसका पीछा कर रहे थे, उन्होंने आखिरकार उसे पकड़ ही लिया।

उसने कहा, ऐसा क्यों है कि ये लोग उसे अकेला नहीं छोड़ते? यह किस तरह की समस्या है? उन्होंने तुम्हें भ्रमित कर दिया है। यह एक गंभीर जादू टोना है जो अब तुम्हारे ऊपर आ गया है। तुम ऐसा

कैसे कर सकते हो? तुम्हारा मतलब है कि तुम भीख नहीं माँगोगे? हे भगवान, जिस तरह से वह रो रहा था।

मैं और मेरी पत्नी, हम नहीं जानते कि क्या करें। हम बस वहीं खड़े रहे। वह आया और मुझे हिलाया, मुझे हिलाया और कहा, क्या तुम नहीं देखते? साडे, क्या उन्होंने तुम्हारा सिर काट दिया है? जब हमने उसे रोने दिया, तो हमने कहा, ठीक है, लेकिन तुम भी भगवान के आदमी हो।

बाबा एंग्लिकन समुदाय में एक सम्मानित कर्नल थे। लेकिन जहाँ तक उनका सवाल है, उनके लिए यह कोई समस्या नहीं है। चूँकि वे एक सेवानिवृत्त प्रिंसिपल थे, इसलिए वे जो बन गए, उससे पहले वे एक सेवानिवृत्त प्रिंसिपल थे।

लेकिन इस एक के लिए, तुम जैसे युवा हो, नहीं! ऐसा मत करो! ऐसा क्यों था? उन्होंने कभी जीवन के वचन को ले जाने के लिए बुलाए जाने की महिमा नहीं देखी। हमेशा सोचा कि पुलपिट और मंत्रालय ड्रॉपआउट के लिए है। या उन लोगों के लिए जो थक गए हैं।

या जो दुनिया में आगे नहीं बढ़ पाए। ऐसा लगता है कि जो लोग जीवन में आगे नहीं बढ़ पाते, उनके लिए यही सब उपलब्ध है। इसलिए मंत्रालय को सज़ा या दुर्भाग्यपूर्ण चीज़ के रूप में माना जाता था जो दुर्भाग्यपूर्ण लोगों के साथ होती है।

लेकिन आज रात मुझे इस बात की चिंता नहीं है। यह वह बात नहीं है जो दूसरे लोग सेवकाई के काम के बारे में सोच रहे हैं। लेकिन मैं

चाहता हूँ कि आप आज रात यहाँ बैठें, जिन्हें परमेश्वर ने परमेश्वर के काम में शामिल होने का सौभाग्य दिया है।

मैं चाहता हूँ कि आप देखें कि परमेश्वर ने आपको किस काम के लिए बुलाया है। इसलिए जब हम इस साल पादरी बनने जा रहे हैं, तो हम परमेश्वर से दो काम करने के लिए विनती कर रहे हैं। वह यह कि हमारे बुलावे की वास्तविकता और हमारे बुलावे का केंद्र और हमारे बुलावे का संदेश हमारे सामने बहुत स्पष्ट और तीक्ष्णता से आए।

जब हम यहाँ से बाहर जा रहे हैं, तो हम उत्साहित हो चुके हैं। हम यीशु मसीह के नाम पर काम करने के लिए उत्साहित और उत्साहित हो चुके हैं। परमेश्वर के वचन को देखिए और मैं चाहता हूँ कि आप उसका बहुत जल्दी पालन करें।

क्योंकि लिखा है, परमेश्वर ने कहा, मैं बुद्धिमानों के ज्ञान को नाश करूंगा और समझदारों की समझ को तुच्छ कर दूंगा। कहां है बुद्धिमान? कहां है शास्त्री? इस संसार का विवादी कहां है? क्या परमेश्वर ने इस संसार के ज्ञान को मूर्खता नहीं ठहराया? क्योंकि उसके बाद परमेश्वर के ज्ञान के अनुसार संसार ने ज्ञान से परमेश्वर को नहीं जाना। परमेश्वर को यह अच्छा लगा कि प्रचार की मूर्खता के द्वारा विश्वास करनेवालों को बचाए।

सुनो, लोग सोचेंगे कि मूर्खता, उपदेश देना मूर्खता है और यह उन लोगों के लिए है जो मूर्ख हैं। लेकिन बाइबल कहती है कि यह परमेश्वर को अच्छा लगा कि उपदेश देने की मूर्खता से क्या होगा?

परमेश्वर उन लोगों को अपनी बचाने वाली शक्ति दिखाएगा जो विश्वास करते हैं। यहूदियों के लिए, वे एक संकेत की मांग कर रहे हैं।

और वे ऊपर-नीचे जा रहे हैं, हमें कोई संकेत दिखाओ ताकि हम विश्वास कर सकें कि तुम सही हो। और यूनानी, चूँकि वे बहुत विद्वान हैं, वे दार्शनिक ज्ञान की माँग कर रहे हैं। लेकिन हम, हम क्या करते हैं? हम क्रूस पर चढ़ाए गए मसीह का प्रचार करते हैं।

यहूदियों के निकट ठोकर का कारण है, यूनानियों के निकट मूर्खता है, परन्तु बुलाए हुए लोगों के निकट, चाहे वे यहूदी हों, चाहे यूनानी, मसीह है।

क्या? परमेश्वर की शक्ति। मसीह, परमेश्वर की बुद्धि। क्योंकि परमेश्वर की मूर्खता मनुष्यों से अधिक बुद्धिमान है और परमेश्वर की कमज़ोरी मनुष्यों से अधिक शक्तिशाली है।

अब मैं उस बात पर आता हूँ जो मैं परमेश्वर को कहते हुए सुन रहा हूँ, देखिए। और यहीं पर मैंने सोचा कि मुझे आज रात यहाँ अपना आरोप लगाना चाहिए। देखिए, पद 26, पद 27, पद 28 और पद 29।

क्या आप कृपया मेरे पीछे आ सकते हैं और जल्दी से मुद्दों को उठा सकते हैं। क्योंकि आप अपने बुलावे को देखते हैं भाइयों। कैसे बहुत से बुद्धिमान लोग नहीं बुलाए गए हैं जो शरीर के अनुसार हैं, बहुत से शक्तिशाली नहीं हैं और बहुत से कुलीन नहीं बुलाए गए हैं।

देखो, अगर तुम देखो, तो क्या मैं तुमसे पूछ सकता हूँ, तुम कहाँ से आए हो? तुम कौन हो? तुम्हारी वंशावली क्या है? तुम देखोगे कि हममें से बहुतों के लिए, ईश्वर की दया ने हमें मैरी क्ले से बाहर निकाल दिया है। ईश्वर की दया जो हम तक पहुँची, हम जो कुछ भी नहीं थे। जब मैं पीछे देखता हूँ कि ईश्वर कहाँ गया और मुझे चुना।

जब भी मैं घर वापस जाता हूँ और जहाँ मैं पैदा हुआ था, जहाँ मुझे पाला गया था, वहाँ जाता हूँ। मैं बस, मैं बस भगवान कहता हूँ। तो यह भगवान है।

यहीं से वह मेरे जैसे आदमी को चुनने गया था। और बार-बार मैं पूछ रहा हूँ, हे प्रभु, आपने मुझ पर ध्यान क्यों दिया? कभी-कभी जब मैं एक जगह से दूसरी जगह प्रचार करने जाता हूँ, अलग-अलग लोगों से मिलता हूँ, लोगों से हाथ मिलाता हूँ। उसने कुछ निबंध लिखे।

यदि सुसमाचार नहीं। यदि सुसमाचार नहीं। यदि परमेश्वर का वचन नहीं।

क्या मैं कभी लोगों से मिल पाऊंगा? मुझे पक्का पता है, बिना किसी संदेह के, मैं अपने गांव में ही मर जाऊंगा। मुझे पता है। मैं अपने गांव से 50 किलोमीटर भी बाहर नहीं जा पाऊंगा।

मैं जानता हूँ। मुझे अपने पिता से कुछ भी विरासत में नहीं मिला। विरासत में पाने के लिए कुछ भी नहीं था।

जब बाबा की मृत्यु हुई और वे उनकी संपत्ति का बंटवारा कर रहे थे, तो क्या आपको पता है कि उन्होंने मुझे क्या बांटा? एक जोड़ी जूते। वह बड़े आकार के थे।

मुझे अपने पिता से बस इतना ही मिला। कुछ भी नहीं। कुछ भी नहीं।

और मैं पूछ रहा हूँ, अगर सुसमाचार नहीं होता तो मैं कहाँ होता? अगर परमेश्वर का वचन नहीं होता तो मैं कौन होता? मैं एक ऐसी शून्यता के अलावा कुछ नहीं होता जिसके बारे में कोई कभी सुन भी नहीं पाता।

दो हफ़्ते पहले मुझे मेरे प्राइमरी स्कूल के सहपाठी का फ़ोन आया। उसने कहा, तुम्हारा दोस्त, हमारा सहपाठी, जिसके साथ हम प्राइमरी स्कूल में साथ-साथ पढ़ते थे, यह आदमी बहुत होशियार था। मैं हमेशा उससे जूझता रहता था।

वह हमेशा पहले स्थान पर रहता था। अगर मैं उसे एक बार हरा देता, तो वह जाग जाता और अगली दो बार वह मुझे दूसरे स्थान पर धकेल देता। उसने मुझे दूसरे दिन फोन किया और कहा, वह मर गया।

लेकिन देखिए, जिस बात ने मुझे छुआ, मैंने कहा, हे भगवान। उसने संघर्ष किया और संघर्ष किया और संघर्ष किया और संघर्ष किया और वह मर गया। वह गांव में मर गया।

मैं अपने दोस्त से पूछ रहा था, हम उसे कब दफ़नाएँगे? उन्होंने उसे उसी दिन दफ़ना दिया। क्यों? कोई कारण नहीं था। उसे रखने का कोई कारण नहीं था।

वहाँ कुछ भी नहीं था। उसे दफ़नाने के लिए कोई नहीं था। उसने कहा, चलो उसे पैक कर देते हैं।

और मैंने कहा, यह मेरा अपना सहपाठी है। हमने प्राथमिक एक से प्राथमिक छह तक एक ही डेस्क साझा की। बहुत बढ़िया।

वह कुछ भी नहीं बन गया। लेकिन मुझे याद है कि कुछ साल पहले, जब मैं अपने गृहनगर गया था, तो सुसमाचार ने मुझे घर वापस ला दिया। मुझे आश्चर्य हुआ कि सुसमाचार एक ऐसे व्यक्ति को ला सकता है जो कुछ भी नहीं था, उसे सुसमाचार मंच पर ला सकता है।

मैं ईश्वर पर भरोसा करता हूँ कि आप अपने जीवन में ईश्वर के बुलावे पर ध्यान दिए बिना यहाँ से नहीं जाएँगे। मैं प्रार्थना करता हूँ कि ईश्वर का यह बुलावा आपके लिए इतना गंभीर हो कि आप अपनी पूरी ताकत से मसीह का प्रचार करें। कि आप कृतज्ञता की भावना के साथ मसीह का प्रचार करें।

कि आप मसीह का प्रचार इस समझ के साथ करेंगे कि यह केवल एक विशेषाधिकार है। मसीह के बिना, मैं क्या कर सकता था? और जब मैं सभा में आया, तो आप जानते हैं, सभा बहुत बड़ी थी। वहाँ कई हज़ार लोग थे।

और मुझे अंदर लाया जा रहा था। और मैंने लोगों को देखा, मैंने देखा, उस दिन मैंने जिन दो लोगों को देखा था, उनमें से एक ने मुझे रुला दिया। मैंने अपने प्राथमिक विद्यालय के शिक्षक को बैठक में प्रवेश करने के लिए संघर्ष करते देखा।

हा! OSHA स्टाफ़ ने कहा, नहीं, नहीं, नहीं, नहीं। बाबा, वहाँ कोई जगह नहीं है। बाबा, वहाँ कोई जगह नहीं है।

हा! हा! मुझे बुरा लगा। मैंने कहा, यही तो वो आदमी है। यही वो आदमी है जिसने मुझे प्राइमरी तीन से प्राइमरी छह तक पढ़ाया।

यह वही आदमी है जिसने मुझे अंकगणित सिखाया था। और देखिए वे उसे कैसे धकेल रहे हैं। क्योंकि उन्हें लगता है कि भगवान का एक बड़ा आदमी शहर में आ गया है।

मैंने कहा, काश वे जानते कि मैं कोई बड़ा आदमी नहीं हूँ। मैं तो बस गाँव का एक लड़का हूँ जिस पर भगवान ने दया करके सुसमाचार को छूने की अनुमति दी है। इसलिए मैंने जल्दी से उन OSHA कर्मचारियों में से कुछ को इशारा किया।

मैंने कहा, यह मेरे पिता हैं, यह मेरे पिता हैं। हा! हा! हा! यह ब्रैगबिल के पिता हैं। उन्हें लगा कि यह मेरे जैविक पिता हैं।

वे जल्दी से दौड़े और बोले, ओह सॉरी सर, ब्रैगबिले ने कहा, आप उसके पिता हैं। हम आपको आगे ले आएंगे। इसलिए वे आए और उसे विशेष सीटें दीं।

तभी मैं शांत हो गया। और फिर मैंने उसे खुद देखा। वह मुस्कुरा रहा था।

मैंने कहा, वह मेरा लड़का है, वह मेरा लड़का है। मेरा लड़का। तो मुझे याद है कि जैसे ही मैंने संदेश समाप्त किया, हज़ारों लोग, आप जानते हैं कि वे कैसे कह रहे थे, ओह हम ईश्वर के आदमी को छूना चाहते हैं।

हम चाहते हैं कि वह हमारे लिए प्रार्थना करें। मैं भी जल्दी कर रहा था। ताकि मेरे स्वामी मेरे अभिवादन से पहले गायब न हो जाएँ।

तो मैं जाकर उसके सामने गिर पड़ा। और मैं रोने लगा। और वह खुद भी रोने लगा।

उन्होंने कहा, बिले, तो तुम यही बनोगे। तो तुम यही बनोगे। जब मैंने सुना कि बिले अकाने आ रहा है, तो मैंने कहा, क्या वह मेरा प्राथमिक विद्यालय का लड़का नहीं है? मैं बस यह जानने की उत्सुकता से आया था कि क्या तुम वही हो।

जब मैंने देखा कि तुम ही वो हो, तो मैंने कहा, तो ये वो लड़का है, वो छोटा लड़का, तो तुम ये बन सकते हो। मेरे जीवनकाल में। मेरे जीवनकाल में।

मेरे जीवनकाल में। तो उस दिन, मैंने उससे कहा, मैंने पूछा, तुम कैसे आए? उसने कहा, मैं आया, मैंने कोशिश की। ओह, इसने मुझे परेशान कर दिया।

तो मैंने कहा, ठीक है, मैं तुम्हें घर ले चलूँगा। मैंने उसे अपनी कार में रखा और फिर हम घर चले गए। वह हाँ कह रहा था।

सच में, मुझे पता है। मुझे पता है कि तुम कुछ बनने जा रहे हो। लेकिन मुझे नहीं पता था कि तुम ये बनने जा रहे हो।

फिर मेरा दूसरा सहपाठी, जिसके बारे में मैं आपको बता रहा था कि उसकी अभी-अभी मृत्यु हुई है, मैंने उसे भी मीटिंग में देखा। मैं आया, मैंने कहा, मैंने उसे उसके नाम से पुकारा। फिर उसने कुछ ऐसा कहा जिसने मुझे छू लिया।

उसने कहा, बाइल, जहाँ तुमने मुझे छोड़ा था, मैं वहीं हूँ। मैंने जो भी करने की कोशिश की, वह कामयाब नहीं हुआ। मैंने स्कूल जाने की कोशिश की, लेकिन कोई मदद नहीं मिली।

मैंने दवाइयां बेचना शुरू कर दिया। यह एक पेटेंट दवा विक्रेता है। सब कुछ बिखरा हुआ है।

मैंने जिस पत्नी से शादी की थी, वह मुझे परेशान कर रही थी। इसलिए मैंने दूसरी शादी कर ली। जैसा कि आप देख रहे हैं, मैंने दो पत्नियाँ शादी कीं और वे दोनों मुझे परेशान कर रही हैं।

मुझे नहीं पता कि मुझे अपनी ज़िंदगी में क्या करना है। आह! मैंने उसकी तरफ़ देखा। वह मेरा सहपाठी है।

मुझसे भी ज़्यादा प्रतिभाशाली। उसे प्रोफ़ेसर बनना चाहिए था। लेकिन उसकी मौत गाँव में ही हो गई।

मुझे याद है कि मैंने उसके लिए प्रार्थना की थी, उसे मसीह के पास ले गया था। उसने कहा, मेरे लिए प्रार्थना करो, मेरे लिए प्रार्थना करो। मुझे भी तुम्हारी याद आती है।

मुझे भी तुम्हारी याद आई। मैं उन सभी को देख रहा हूँ जिनके साथ हमने एक ही सीट साझा की थी। जब सुसमाचार मुझे अलग करने और मुझे बाहर निकालने और मुझे अंधकार से मातृहीन प्रकाश में बुलाने के लिए आया था।

लेकिन केवल इतना ही नहीं, बल्कि अब उसने अपनी दया से मुझे बुलाया, मुझे सुसमाचार में शामिल किया। क्या यह एक विशेषाधिकार नहीं है? पहली बार मैंने खुद को एक भूमिका निभाने वाले नाटक में पाया। लोगों को नहीं पता कि मेरे साथ क्या हो रहा था।

मैंने पहले कभी किसी रोल प्ले में हिस्सा नहीं लिया था। लेकिन सुसमाचार ने मुझे रोल प्ले में शामिल कर लिया। वे आए और कहा, उन्होंने सुना है कि मैं सिएरा लियोन में आकर प्रचार कर सकता हूँ।

और वे मेरे लिए एक टिकट लेकर आए। मुझे नहीं पता था कि कहाँ से शुरू करूँ। वे कह रहे थे, तुम यहाँ जाओ।

तुम्हें पता है कि मैं कभी नहीं समझ पाया कि हवाई जहाज़ सबको कैसे ले जाएगा। इसलिए मैं वहाँ बैठ गया और मैंने कहा, बिली? रोल प्ले में गाँव से बिली अकाने। अरे! मुझे नहीं पता कि इसे कैसे व्यक्त किया जाए।

गांव का आदमी। लेकिन सुसमाचार। सुसमाचार।

क्या परमेश्वर ने आपको बुलाया है और आप अपने बुलावे के साथ मज़ाक कर रहे हैं? क्या आप परमेश्वर के बुलावे को महज़ एक चीज़ समझ रहे हैं? क्या आप अपने जीवन में परमेश्वर की कृपा के साथ खेल रहे हैं? क्या आप सेवकाई में ऐसे लगे हैं जैसे कि यह एक सज़ा है? क्या आप हर दिन सिर्फ़ शिकायत करते और परमेश्वर से नाराज़ होते हुए उठते हैं? या क्या आप अपने जीवन को ऐसे जी रहे हैं जैसे कि यह कुछ भी नहीं है, सिर्फ़ परमेश्वर ने आपको परमेश्वर के काम को संभालने के लिए रखा है? सुसमाचार। यह उन लोगों को मूर्खता लगती है जो नाश हो रहे हैं। लेकिन हम जो विश्वास करते हैं उनके लिए यह परमेश्वर की शक्ति है।

सुसमाचार। अगर मैं नीचे आकर आपको हिला सकता तो मैं बस आपको हिला रहा होता। परमेश्वर द्वारा आपको सेवकाई में बुलाए जाने के लिए बधाई।

बधाई हो कि आप उन लोगों में से एक हैं जिन्हें स्वर्ग ने करोड़पति बनने के लिए नहीं बल्कि एक उपदेशक बनने के लिए चुना है। हेलेलुयाह। जब मुझे यह स्पष्ट हो गया कि आह! क्या सौभाग्य है।

यह कितना सौभाग्य की बात है। तब मुझे पता चला कि मुझे अपनी सारी शक्ति लगा देनी चाहिए, मुझे अपना सब कुछ लगा देना चाहिए ताकि मैं अपने जीवन में परमेश्वर के इस आह्वान का पालन कर सकूँ क्योंकि यह एक सौभाग्य है। जब मुझे यह स्पष्ट हो गया कि आह! परमेश्वर ने मुझे वह दिया है जिसे लोग मूर्खता

मानते हैं - उपदेश देने की मूर्खता और फिर भी यह उपदेश देने की मूर्खता है कि परमेश्वर ने आदेश दिया है कि मनुष्य बचेंगे।

कि मनुष्य को सहायता मिलेगी। कि मनुष्य को मुक्ति मिलेगी। कि मनुष्य को अपने जीवन के लिए परमेश्वर का उद्देश्य मिलेगा।

तब मुझे समझ में आने लगा कि आह! मैं एक सौभाग्यशाली व्यक्ति हूँ क्योंकि ईश्वर ने मुझे अपने काम में लगाया है। आज रात जब मैं आपका स्वागत कर रहा हूँ तो मैं अपने दिल में एक गहरी कृतज्ञता के साथ आपका स्वागत करना चाहता हूँ कि ईश्वर ने आपको उन लोगों में से एक के रूप में चुना है जो आत्माओं को बचाने के लिए इन महान साधनों को लेकर चलते हैं। तब से मेरे दिमाग में यह चिंता नहीं रह गई कि कोई वकील है या कोई हाई कोर्ट का जज है या कोई बैंकर है या कोई इंजीनियर है या कोई कुछ और है।

मेरे लिए अब यह बात मुझे परेशान नहीं करती क्योंकि अब मुझे एहसास हो गया है कि हाई कोर्ट के जज बहुत बढ़िया हैं, विद्वान हैं और उनका बहुत सम्मान है लेकिन आप जानते हैं कि वे केवल अपराधियों की निंदा और उन्हें दोषी ठहरा सकते हैं। उनके पास उन्हें बचाने के लिए कोई साधन नहीं है। लेकिन यहाँ मेरी ओर देखिए, कुख्यात अपराधी, कुख्यात पापी जिन्हें कोई नहीं जानता कि कैसे संभालना है।

भगवान मुझे भगवान मसीह का वचन देते हैं और उन्हें क्रूस पर चढ़ाया जाता है और मैं अपराधियों को घुटने टेकते हुए देखता हूं और कहता हूं कि मुझे बचने के लिए क्या करना चाहिए? मैं ऐसे पतियों को देखता हूं जो अपनी पत्नियों को तलाक देने के बिंदु पर आ गए हैं। न्यायाधीशों ने कोशिश की है, उन्होंने वकीलों को लाया है, हर किसी ने कोशिश की है और वे इसे भंग करने वाले हैं यदि उन्होंने इसे भंग भी कर दिया है और फिर भी भगवान मुझे एक शब्द देंगे मैं सिर्फ इस सुसमाचार का प्रचार करूंगा जो मूर्खता की तरह दिखता है और आदमी को गिरफ्तार कर लिया जाता है मैं कहता हूं, दूल्हे जब आप अपनी उंगली इस तरह रखते हैं जैसे कि आप मुझसे बात कर रहे हैं तो क्या आप मुझे पहले से जानते थे? मैं कहता हूं, मैं आपको नहीं जानता लेकिन सुसमाचार आपको जानता है भगवान का वचन कहीं भी किसी का पता लगा सकता है और मैंने लोगों को देखा है वे इस तरह से भागते हैं और वे रो रहे हैं वे जमीन पर लोट रहे हैं और अगली बात मैं अपनी पत्नी के साथ इस्तीफा देना चाहता हूं अब मेरी पत्नी की तलाश कर रहे हैं और वे जाएंगे और वे पत्नी को लाएंगे और मैंने विवाहों को सुसमाचार को बहाल होते देखा है

मैंने सुसमाचार को मनुष्यों को बदलते, निराशाजनक परिस्थितियों को बदलते और मनुष्यों को, आप जानते हैं, एक नयापन देते हुए देखा है। मैंने देखा है कि सुसमाचार क्या कर सकता है और आज रात मैं आपसे पूछना चाहता हूँ कि क्या आपने सुसमाचार देखा है? क्या आपने अपने जीवन में परमेश्वर के बुलावे को देखा है? पत्नियों, क्या आपने देखा है कि परमेश्वर

आपको किस स्थिति में ले आया है? जब आपने इस व्यक्ति से विवाह किया जिसे परमेश्वर ने बुलाया है, क्या आपने सोचा है कि यह दुर्भाग्यपूर्ण है? क्या आपने चुपचाप दबाव डाला है और कहा है, अरे तुमने यह काम किया, तुमने यह काम किया, चलो अपने भविष्य की योजना बनाते हैं, मैं लंदन जाना चाहता हूँ, काश आप यह समझ पातीं कि सुसमाचार ले जाने वाले व्यक्ति से अधिक यात्रा कौन करता है? एह? सुसमाचार ले जाने वाले परमेश्वर के सेवक से अधिक यात्रा कौन करता है? पिछली बार जब मैं अपनी पत्नी से मिला तो हम गए, हम गए, उन्होंने हमें रखा और हम यात्रा करते रहे, यात्रा करते रहे, जब तक हम ऑस्ट्रेलिया नहीं पहुँच गए, उन्होंने और परमेश्वर हमें यहाँ सुसमाचार, सुसमाचार, सुसमाचार लेकर आया है, जैसा कि मैं आज रात आपको प्रभु के सामने सुसमाचार के संरक्षक पुरुष और महिला के रूप में बैठे हुए देख रहा हूँ, आप इसके साथ क्या करेंगे? आप सुसमाचार को कैसे संभालेंगे? क्या आप मंच पर होंगे और बकवास प्रचार करेंगे? क्या आप लोगों के अवसर को बर्बाद करेंगे? पॉल ने कहा कि परमेश्वर ने मुझे वाक्पटु शब्दों के साथ प्रचार करने के लिए नहीं भेजा है क्योंकि मैं क्रूस को व्यर्थ नहीं करना चाहता हूँ, मैं यीशु और उनके क्रूस पर चढ़ने का प्रचार करने का अवसर बर्बाद नहीं करना चाहता क्योंकि यह मनुष्यों को बदलने के लिए परमेश्वर की शक्ति है, दो सप्ताह पहले या पिछले सप्ताह छात्र और युवा वहाँ हजारों की संख्या में एकत्र हुए थे और सुसमाचार और मैंने सुसमाचार को युवा जीवन के साथ संघर्ष करते देखा, मैंने सुसमाचार देखा, मैंने कुख्यात नशीली दवाओं के कृत्य देखे जो जानबूझकर आए थे जो चोरी कर रहे थे, मैंने सुसमाचार को उन्हें गिरफ्तार करते हुए देखा,

जैसा कि आप इस सप्ताह के दौरान आए हैं, मैं दो चीजों के लिए भगवान से विनती कर रहा हूं कि प्रभु आपके दिल को तेज करें, पवित्र आत्मा आपको एक नया दृष्टिकोण दे ताकि आप मसीह का प्रचार करें और अपनी पूरी ताकत से उनका प्रचार करें कि आपने स्वयं क्रूस पर चढ़े जीवन का अनुभव किया है, आपके पास क्रूस पर चढ़े हुए उनका प्रचार करने के अलावा और कुछ नहीं होगा जो मानव जाति की आशा है, जो हमारी पीढ़ी की समस्या का उत्तर है, वह अब कहता है क्योंकि भगवान की मूर्खता मनुष्य की तुलना में अधिक बुद्धिमान है और भगवान की कमजोरी मनुष्य की तुलना में अधिक मजबूत है क्योंकि आप अपने बुलावे को देखते हैं भाइयों कि कैसे शरीर के अनुसार बहुत से बुद्धिमान पुरुष नहीं हैं, बहुत से शक्तिशाली नहीं हैं, बहुत से महान नहीं बुलाए गए हैं लेकिन भगवान ने बुद्धिमानों को लज्जित करने के लिए दुनिया की मूर्ख चीजों को चुना है और भगवान ने दुनिया की कमजोर चीजों को लज्जित करने के लिए चुना है जो दुनिया की शक्तिशाली नीच चीजें हैं और जो चीजें भगवान के रूप में तुच्छ हैं, हां और जो चीजें व्यर्थ नहीं हैं जो कि कोई भी शरीर उनकी उपस्थिति में महिमा नहीं करेगा इस रात जबकि मैं आपका स्वागत करना चाहता हूं, क्या मैं आज रात आपसे पूछ सकता हूं कि आप अपने बुलावे के साथ कैसा व्यवहार करते हैं, आप अपने जीवन पर भगवान के बुलावे को कैसे संभालते हैं, क्या आप इसे रौंदते हैं या आप इसे बड़ा करते हैं ?

यहां तीन तरीके हैं जिनके द्‌वारा मैं ईश्वर के आह्‌वान को हल्के में लेने और ईश्वर के आह्‌वान को कुचलने के बारे में बोल सकता हूं। एली के पुत्रों ने सबसे पहले अपने जीवन में परमेश्वर के बुलावे को रौंदा, परमेश्वर के प्रति अपने व्यक्तिगत समर्पण का सम्मान न करके, अपने जीवन में परमेश्वर के अनुग्रह को हल्के में लेकर, शुद्‌ध और अशुद्‌ध के बीच अंतर न करके, लापरवाही से जीवन जीकर, मेरे प्यारे भाई और बहन, मैं आपका स्वागत करता हूँ, लेकिन क्या मैं आपसे पूछूँ ? क्या आप मंच पर परमेश्वर के एक आदमी हैं और आप गुप्त रूप से पाप में जी रहे हैं ? आप परमेश्वर के बुलावे को महत्व नहीं देते, परमेश्वर का बुलावा आपके लिए ज्यादा मायने नहीं रखता, परमेश्वर का वचन जो आप लेकर चलते हैं, उसका आपके लिए कोई महत्व नहीं है। आप कैसे ऐसे व्यक्ति हो सकते हैं जो परमेश्वर का अपना प्रवक्ता है और साथ ही आप पाप के दास भी हैं ? एक मुँह आशीर्वाद कैसे दे सकता है और वही मुँह शाप कैसे दे सकता है ? एक ही स्रोत से मीठा और कड़वा पानी कैसे हो सकता है ? आप कैसे मंच पर खड़े होकर कहेंगे कि हे हमारे प्रभु यीशु की कृपा आप सभी पर हो और लोग यह विश्वास करके कि आप परमेश्वर के एक व्यक्ति हैं, वे आमीन आमीन आमीन कह रहे हैं

कुछ लोग अपने हाथ इस तरह से करेंगे, अपनी प्रार्थना को इकट्‌ठा करें और इसे इस तरह से अपनी छाती पर रखें क्योंकि वे सिर्फ यह मानते हैं कि आप जो कह रहे हैं वह आशीर्वाद में परिवर्तित होने जा रहा है, लेकिन अपने आप को गुप्त रूप से देखें कि आप क्या कर रहे हैं, आपने खुद को एक ईश्वर के आदमी के रूप में कैसे नीच

और साधारण बना दिया है, उन्हें एक बेकार लड़की के सामने खुद की ज़िप खोलने में शर्म नहीं आती है, इसका मतलब है कि आप नहीं समझते हैं कि आप अपने जीवन पर ईश्वर के आह्वान को महत्व नहीं देते हैं, आप इसे रौंदते हैं, और किस तरह से एक आदमी ईश्वर के आह्वान को हल्के में लेगा, ईश्वर का सेवक होने का विशेषाधिकार, एली के पुत्रों ने वेदी का विशेषाधिकार लिया, उन्होंने इसे व्यक्तिगत लाभ के लिए लिया, उन्होंने पहले अपना व्यक्तिगत आनंद चाहा परमेश्वर जिसने उन्हें बुलाया था, प्रसन्न था, वे भूल गए कि परमेश्वर के कार्य को स्पर्श करना भी केवल एक विशेषाधिकार था, जिसे परमेश्वर उन्हें करने की अनुमति दे रहा था, उन्होंने क्या किया, उन्होंने इसे हल्के में लिया, उन्होंने सोचा कि यह खाने और विशेष मांस इकट्ठा करने का उनका अपना अवसर नहीं था। क्या आपने ईश्वर के आह्वान का अपमान किया है, केवल अपने बारे में अधिक बात करने और कैल्वरी के व्यक्ति के बारे में कम बात करने के लिए अपने आस-पास चीजों को इकट्ठा करने के लिए मंच का उपयोग करके? क्या आप अपनी सुविधा और अपने पारिश्रमिक और अपनी उपलब्धि और अपने आनंद और अपनी संतुष्टि के बारे में अधिक चिंतित हैं, उसकी कीमत पर जिसने आपको बुलाया है ? आप विशेषाधिकार की गंभीरता को नहीं समझ रहे हैं

आप जानते हैं कि यह मुझे छू जाता है, यदि मैं नहीं होता , यदि मुझे सुसमाचार नहीं दिया गया होता तो मैं कौन होता हूं कि आप जैसे लोग मेरी बात सुनें ? मैं कौन हूं, मैं कौन हूं और मैं देखता हूं कि कैसे कभी-कभी मैं एक बैठक में जाता हूं, ये प्रोफेसर हैं, ये

महत्वपूर्ण व्यक्ति हैं, आप जानते हैं कि आप पुराने और समुदाय में बहुत महत्वपूर्ण हैं और यह सब और जब आप प्रचार करना चाहते हैं तो वे अपने चश्मे को ठीक कर लेंगे और कहेंगे कि वह लड़का कौन है, लेकिन क्योंकि मैं सुसमाचार की शक्ति को जानता था, मैं सिर्फ इतना कहता हूं कि अपना सिर झुकाएं और हमें प्रार्थना करने दें, आइए हम अपने निर्माता भगवान को सम्मान दें, वास्तव में मैं चाहता हूं कि आप सभी खड़े हो जाएं और वे खड़े हो जाएंगे यदि मैं कहता हूं कि अपने दोनों हाथ ऊपर उठाएं, तो वे ऐसा करेंगे क्योंकि उनका मानना है कि मैं भगवान की ओर से खड़ा हूं, वे ऐसा करेंगे यदि मैं दस मिनट, तीस मिनट, बीस मिनट, चालीस मिनट तक प्रचार कर रहा हूं तो वे वहां होंगे, यदि मेरे पास सुसमाचार नहीं होता तो क्या आपके पास एक राजनेता के साथ श्रोता हैं, मुझसे बात करें

हाँ , जिसने तुम्हें यहाँ भेजा है और फिर तुम उससे बात करने के लिए काँप रहे होगे लेकिन मंच पर वही है जो तुम्हें सुनने के लिए काँप रहा है और अब तुम उस मंच को कैसे ले सकते हो और तुम केवल अपने बारे में सोचने के अलावा कुछ नहीं कर रहे हो मैं चाहता हूँ कि तुम इस वर्ष इस धर्मगुरु के पास एक महत्वपूर्ण आवश्यकता के साथ प्रवेश करो बोको में आना बहुत महंगा हो गया है क्योंकि सड़क खराब है सब कुछ कठिन है लेकिन तुम आए हो तुम्हारे साथ कुछ होना चाहिए और तीसरा तरीका क्या है जिसके द्वारा एक आदमी अपने बुलावे को रौंद सकता है संदेश का प्रचार न करके आप इस मंच को देखते हैं यह कुछ भी कहने की जगह नहीं है यदि यह मसीह का प्रचार नहीं करना है जब आप उस

मंच पर आते हैं तो केवल एक चीज है जो आप पुरुष हैं जो करने वाले हैं वह है मसीह का प्रचार करना और उसे सूली पर चढ़ाना, अब मंच पर आना और यह प्रदर्शित करना शुरू करना कि तुम कितनी अंग्रेजी जानते हो

यदि आप मसीह का प्रचार नहीं करते हैं तो आपने परमेश्वर के बुलावे के इस विशेषाधिकार को कुचल दिया है इसलिए आज रात हम एक साथ परमेश्वर को पुकारने जा रहे हैं सबसे पहले मैं आपको धन्यवाद कहना चाहता हूँ प्रभु मुझे बुलाने के लिए धन्यवाद मुझे शामिल करने के लिए धन्यवाद मेरा नाम उन लोगों के बीच रखने के लिए जिन्हें आपकी दृष्टि में अनुग्रह मिला है ताकि उन्हें सेवकाई में रखा जा सके लेकिन यीशु ने अपने शिष्यों से कहा कि इस पर आनन्दित भी मत होइए मैं चाहता हूँ कि आप परमेश्वर को धन्यवाद दें कि आपका नाम जीवन की पुस्तक में है यह उस तथ्य से भी बड़ा है कि दुष्टात्माएँ आपके अधीन हैं जैसा कि हम आज रात परमेश्वर को पुकारते हैं और आप कह रहे हैं कि प्रभु मैं आया हूँ क्या आप परमेश्वर से कहना चाहेंगे कि एक उपदेशक होने का विशेषाधिकार सेवकाई में होने का विशेषाधिकार सुसमाचार को संभालने के लिए बुलाए जाने का विशेषाधिकार पिता यदि मैंने इसे कुचल दिया है मैं चाहता हूँ कि आप कृपया मुझे क्षमा करें मेरे जीवन के साथ शाश्वत हम एक साथ प्रार्थना करने जा रहे हैं और मुझे नहीं लगता कि आपके लिए यह कहना शुरू करने के लिए बहुत जल्दी है भगवान कृपया मेरे विश्वास को नवीनीकृत करें कृपया मेरी आग को बहाल करें कृपया भगवान शायद मैं भूल गया कि यह मेरी योग्यता नहीं थी यह आपकी दया

है जो मुझे यहां ले आई शायद मैंने यह मान लिया कि आपने मुझे काम में रखा और मैंने दुर्व्यवहार करना शुरू कर दिया भगवान कृपया मुझ पर दया करें चर्च के सदस्य आपसे इस तरह बात करने में सक्षम नहीं हो सकते हैं क्योंकि आप पहले से ही उनके लिए शाश्वत हैं आप भूल गए कि अनुग्रह आपको यहां लाया है इसलिए हम प्रार्थना में भगवान के पास जाएंगे और वह प्रार्थना मैं चाहता हूं कि जब हम उसके सामने प्रार्थना करते हैं तो आप मेरे साथ शामिल हों आप उस प्रार्थना और प्रार्थना के गीत में मेरे साथ शामिल होने जा रहे हैं यीशु मेरे प्रभु आपसे मैं रोता हूं जब तक कि आपको मुझे बचाना न पड़े मुझे मरना ही होगा ओह अपना मुफ्त उद्धार लाओ और मुझे ले लो जैसा मैं हूं नंबर 7 में हम बस उस गीत को लेंगे और इसके साथ प्रार्थना करेंगे क्या आप कृपया उठेंगे मैं केवल मसीह से प्रार्थना करता हूं कि मेरे लिए जो मुझे स्वीकार कर ले मैं असहाय हूं मैं अपराध बोध से भरा हुआ हूं लेकिन फिर भी मेरे लिए तुम्हारा खून बहाया गया मैं मुझे रास्ते पर चलने के लिए मजबूर नहीं कर सकता और मुझे वैसे ही स्वीकार कर ले जैसे मैं हूं और मुझे वैसे ही स्वीकार कर ले जैसे मैं हूं और मुझे स्वीकार कर ले।

आओ और मुझे अपने रूप में ले लो जैसा कि मैं अपना ही खेल हूँ जीसस तुम मुझे अपने रूप में ले लो अब इससे पहले कि हम मानक चार लें क्या वह है मुझे देखो आपके चरणों में उद्धारकर्ता मेरे साथ वैसा व्यवहार करो जैसा तुम देखते हो तुम्हारा काम शुरू है, तुम्हारा काम पूरा है लेकिन मुझे वैसे ही ले लो जैसा मैं हूं हम वह गीत गाएंगे, वह छंद चार तीन बार और यदि इस रात जब हम

सभी प्रार्थना कर रहे हैं और अपने लिए भगवान को रो रहे हैं किसी की परवाह किए बिना तुम कहना चाहते हो मुझे अपने चरणों में देखो मैं ऐसा ही हूं मैं आपके द्वारा दिए गए सबसे बड़े विशेषाधिकार को भूल गया मैंने अपने कॉल को हल्के में लिया यह मेरे लिए अब और मायने नहीं रखता मेरा अभिषेक मैं बिखर गया हूं जैसे ही हम गाना खत्म करने से पहले दूसरी बार लेते हैं आप बस वेदी पर आना चाह सकते हैं यह वेदी और कहो भगवान मेरी ओर देखो मैं इस वर्ष बोको आया हूं मैं संघर्ष करते हुए वापस नहीं जा सकता

भगवान ऐसा न कहें कि मुझे उसे इस कार्य में बुलाने का पछतावा है मैं उसे एक बड़ा सौभाग्य देता हूं कि उसने इसे रौंद दिया मुझे देखो उद्धारकर्ता आपके चरणों में मेरे साथ वैसा ही व्यवहार करें जैसा आप देखते हैं आपकी इच्छा पूरी हो भगवान आपका भला करे जैसे ही आप भगवान के सामने आते हैं जैसा मैं हूं और मुझे जैसा हूं वैसा ही ले लो जैसा मैं हूं और मुझे जैसा हूं वैसा ही ले लो भगवान आपका भला करे भगवान आपका भला करे भगवान मेरे प्रभु यीशु प्रभु यीशु हे भगवान ओह मुझे वैसे ही ले लो जैसा मैं हूं हम इस गीत को एक बार और करते हैं यदि आप आ रहे हैं तो कृपया ऐसा करें मुझे देखो मुझे अपने चरणों में देखो भगवान मेरे साथ वैसा ही व्यवहार करें जैसा आप मुझे देखते हैं मुझे अब मदद की ज़रूरत है भगवान आप मुझे देखते हैं आपकी इच्छा पूरी हो देखो आपकी इच्छा पूरी हो गई मुझे जैसा मैं हूं वैसा ही ले लो भगवान आपका भला करे क्या भगवान आपसे कह रहे हैं आज रात भी भगवान को अपना काम शुरू करने दें आज रात भी

भगवान मुझे उस रास्ते से वापस न जाने दें जिस रास्ते से मैं आया हूं हे भगवान मेरे मैं बिशप एज़े से पूछता हूँ, हमारे माननीय एज़े कृपया आगे आइये और आज रात प्रार्थना करने में हमारी मदद कीजिये और हमें प्रभु को समर्पित कीजिये, मैं जैसा हूँ वैसा ही मुझे स्वीकार कीजिये, मैं जैसा हूँ वैसा ही मुझे स्वीकार कीजिये, प्रभु मेरे जीवन में कुछ नया कीजिये, इस पादरी को मेरे लिए पुनर्जीवनकर्ता बनना होगा, मेरा मूल खोना नहीं चाहिए, मंत्रालय में मेरा स्थान किसी और को नहीं लेना चाहिए, मुझे मात्र शोर मचाने वाला नहीं बनना चाहिए, प्रभु मेरे हृदय में एक नया कार्य कीजिये, आज रात मेरे गुप्त जीवन से गुजरिये और मैं जैसा हूँ वैसा ही मुझे स्वीकार कीजिये, मैं जैसा हूँ प्रभु जैसा हूँ मुझे स्वीकार कीजिये, हे प्रभु अपने हाथों को स्वर्ग की ओर उठाइये और कहिये

प्रभु मुझे वैसे ही स्वीकार करें जैसे मैं हूँ प्रभु हम यहाँ आपके सेवक के रूप में हैं हम यहाँ हैं प्रभु हमें विशेष रूप से सहायता भेजें हमारे दिलों में एक नया काम करें हमारे लिए क्षमा लाएँ प्रभु खून की सफाई जैसा मैं हूँ भाइयों हम बिल्कुल सही समय पर आए हैं हमारी शुरुआत सही शुरुआत है वह जो हमारे दिलों को देखता है जो हमारे दिलों को खोजता और देखता है जो हमें समझता है हमें वापस अपने पास ला रहा है वापस अपने पास हे प्रभु हमारे भगवान आप हमें जानते हैं, आप हमारी बीमारी को जानते हैं आप जानते हैं हे प्रभु आपने हमें बताया है कि आपने हमें कैसे और कहाँ से चुना हे मेरे भगवान हम यह कहने के लिए इस समय आए हैं स्वीकार करें कि आप हमारे जीवन में पहला काम फिर से करें हम

समाप्त हो गए हे प्रभु आपने जो पहला काम किया प्रभु हम उसके लिए आभारी हैं हम बहुत आभारी हैं कि हमें यह अवसर मिला है एक बार फिर आपकी उपस्थिति में होने का फिर से आपके पास वापस बुलाए जाने का प्रभु सर्वशक्तिमान ईश्वर हम इस समय माँग रहे हैं हे प्रभु आपके हाथ जो हमें वापस प्राप्त करने के लिए इतने खुले हैं महान हे स्वर्ग के परमेश्वर, हमारे लिए ऐसा करो प्रभु, ये आपके सेवक हैं, मैं विनती करता हूँ कि जैसे स्वर्ग खुला है, हमें ग्रहण करने के लिए, हमें पुनर्स्थापित करने के लिए, उस सारे मलबे को बाहर निकाल दो जिसने हमारी आँखें बंद कर दी हैं, जिसने हमारे दिलों पर कब्ज़ा कर लिया है, जिसने हमें इतना गुमराह कर दिया है कि हमें याद नहीं रहता कि हम कहाँ से आ रहे हैं, यह यीशु के लहू के द्वारा नहीं है, उस शुद्ध करने वाली शक्ति के द्वारा है, जो आज रात शुद्ध हो जाएगा और फिर से आपको समर्पित हो जाएगा और फिर से बन जाएगा

प्रभु हम पुकारते हैं उस चीज़ के लिए जिसे हमने शुरू से देखा है वह चीज़ जिसने हमें कहने के लिए प्रेरित किया कि केवल ईश्वर है वह चीज़ जिसने हमें दुनिया को अलविदा कहने के लिए प्रेरित किया प्रभु हम प्रार्थना करते हैं कि वह आग फिर से आएगी वह आग फिर से आएगी कि आप दयालु ईश्वर हैं आप हमारे पिता हैं जो इतने दयालु हैं जो दया में समृद्ध हैं हम पर दया करें यीशु मसीह के नाम पर कि जैसे ही हम आपको पुकारने आए हैं दया का द्वार हमारे लिए खुला होगा स्वर्ग का ईश्वर जैसे हमने शुरू किया है आह आग फिर से हमारी हड्डियों पर होगी सर्वशक्तिमान प्रभु ईश्वर हम उस खजाने को पकड़ रहे हैं जो आपने हमें दिया है जिसे

पकड़ने के लिए आपने हमें बुलाया है प्रभु दुनिया में इससे अच्छी कोई चीज नहीं हो सकती जिसे पकड़ने के लिए आपने हमें बुलाया है हम माँग रहे हैं महिमा के प्रभु ईश्वर

कि हम सही स्थान पर खड़े हों और सही काम करें क्योंकि आप इसे करने में सक्षम हैं और आपने हमें बुलाया है, आप इसे करने में सक्षम हैं, यहां तक कि इस रात भी हमारे अतीत को कहना अतीत है यह कहना कि हमारा अतीत चला गया है उन सभी चीजों के बारे में कहना जो हमारे दिलों में एकत्रित हो गई हैं वे सभी चीजें जो प्रभु ने हमें रास्ते से भटकाने के लिए प्रेरित किया वे चली गई हैं यीशु मसीह के नाम पर कि नवीनीकरण के इस स्थान में हमारी वाचा का नवीनीकरण किया गया है हमारी पुकार का नवीनीकरण किया गया है आपके बारे में हमारा दृष्टिकोण नवीनीकृत किया गया है कभी भी पीछे नहीं मुड़ना उन चीजों की ओर जिनसे हम पहले ही मुड़ चुके हैं हम उन खराब पानी में फिर से नहीं तैरने वाले हैं प्रभु आपने हमें बुलाया है आपने हमें धोया है हमारी मदद करें कि हम फिर कभी सुअर की तरह न हों जिसे हमने धोया और मृतकों में लौट आए कुत्ते की तरह न हों जिसे हमने उल्टी की और उल्टी करने के लिए वापस आ मसीह धन्यवाद दयालु प्रभु यीशु मसीह के नाम में हमने प्रार्थना की है

बड़ा मौका

हम इस पुस्तक को उन लोगों के लिए एक रास्ता प्रदान किए बिना समाप्त नहीं करेंगे जो प्रभु के साथ संबंध बनाना चाहते हैं।

बड़ा मौका

हम इस शीर्षक को सीमाहीन पर तब तक समाप्त नहीं करेंगे जब तक हम उन लोगों को आज शांति बनाने का अवसर प्रदान नहीं करते जिन्होंने यीशु का सामना नहीं किया है

मुक्ति की प्रार्थना

उद्धार की प्रार्थना - परमेश्वर के साथ हमारी पहली वास्तविक बातचीत

"उद्धार की प्रार्थना" सबसे महत्वपूर्ण प्रार्थना है जो हम कभी भी करेंगे। जब हम एक ईसाई बनने के लिए तैयार होते हैं, तो हम परमेश्वर के साथ अपनी पहली वास्तविक बातचीत करने के लिए तैयार होते हैं, और ये इसके घटक हैं:

- हम स्वीकार करते हैं कि यीशु मसीह परमेश्वर है; वह इस पृथ्वी पर मनुष्य के रूप में आया ताकि वह पाप रहित जीवन जिए जिसे हम नहीं जी सकते; वह हमारे स्थान पर मरा, ताकि हमें वह दण्ड न भुगतना पड़े जिसके हम पात्र हैं।
- हम अपने पिछले पापमय जीवन को स्वीकार करते हैं - अपने लिए जीना और परमेश्वर की आज्ञा का पालन न करना।

- हम स्वीकार करते हैं कि हम यीशु मसीह पर अपने उद्धारकर्ता और प्रभु के रूप में भरोसा करने के लिए तैयार हैं।
- हम यीशु से प्रार्थना करते हैं कि वह हमारे हृदय में आये, वहाँ निवास करे, और हमारे द्वारा जीवन जीना आरम्भ करे।

उद्धार की प्रार्थना - यह ईश्वर में विश्वास से शुरू होती है

जब हम उद्धार की प्रार्थना करते हैं, तो हम ईश्वर को यह बताते हैं कि हम मानते हैं कि उनका वचन सत्य है। उसने हमें जो विश्वास दिया है, उसके द्वारा हम उस पर विश्वास करना चुनते हैं। बाइबल हमें बताती है कि " *विश्वास के बिना उसे प्रसन्न करना असंभव है, क्योंकि जो ईश्वर के पास आता है, उसे विश्वास करना चाहिए कि वह है, और वह उन लोगों को प्रतिफल देता है जो परिश्रम से उसके खोजी हैं*" (इब्रानियों 11:6)।

इसलिए, जब हम प्रार्थना करते हैं, ईश्वर से उद्धार के उपहार के लिए पूछते हैं, तो हम यह स्वीकार करने के लिए अपनी स्वतंत्र इच्छा का प्रयोग कर रहे होते हैं कि हम उस पर विश्वास करते हैं। विश्वास का यह प्रदर्शन ईश्वर को प्रसन्न करता है, क्योंकि हमने उसे जानने के लिए स्वतंत्र रूप से चुना है।

उद्धार की प्रार्थना - अपने पापों को स्वीकार करना

जब हम उद्धार की प्रार्थना करते हैं, तो हम स्वीकार करते हैं कि हमने पाप किया है। जैसा कि बाइबल सभी के बारे में कहती है, केवल मसीह को छोड़कर: " *क्योंकि सब ने पाप किया है और*

परमेश्वर की महिमा से रहित हैं" (रोमियों 3:23)।

पाप करना बस लक्ष्य से चूक जाना है, जैसे कि एक तीर जो ठीक निशाने पर नहीं लगता। परमेश्वर की महिमा जिससे हम चूक जाते हैं, वह केवल यीशु मसीह में ही पाई जाती है: " *क्योंकि परमेश्वर ही है जिसने अंधकार में से ज्योति को चमकने की आज्ञा दी, और जो हमारे हृदयों में चमका कि परमेश्वर की महिमा की पहचान की ज्योति यीशु मसीह के चेहरे से दे*" (2 कुरिन्थियों 4:6)।

तो, उद्धार की प्रार्थना यह स्वीकार करती है कि यीशु मसीह ही एकमात्र मनुष्य है जो कभी पाप के बिना रहा। " *क्योंकि उसने जो पाप से अज्ञात था, उसे हमारे लिये पाप ठहराया, कि हम उसमें होकर परमेश्वर की धार्मिकता बन जाएँ*" (2 कुरिन्थियों 5:21)।

उद्धार की प्रार्थना - मसीह को उद्धारकर्ता और प्रभु
के रूप में विश्वास करना मसीह को हमारी पूर्णता का मानक मानक मानते हुए, हम अब प्रेरित यूहन्ना के साथ सहमत होते हुए, उनमें ईश्वर के रूप में विश्वास को स्वीकार कर रहे हैं कि: " *आदि में वचन (मसीह) था, और वचन परमेश्वर के साथ था, और वचन परमेश्वर था। वह आदि में परमेश्वर के साथ था। सब कुछ उसी के द्वारा उत्पन्न हुआ, और जो कुछ उत्पन्न हुआ है, उसमें से कुछ भी उसके बिना उत्पन्न नहीं हुआ*" (यूहन्ना 1:1-3)।

क्योंकि परमेश्वर केवल एक पूर्ण, पापरहित बलिदान को स्वीकार कर सकता था, और क्योंकि वह जानता था कि हम इसे संभवतः

पूरा नहीं कर सकते, इसलिए उसने अपने पुत्र को हमारे लिए मरने और अनन्त मूल्य चुकाने के लिए भेजा। " *क्योंकि परमेश्वर ने जगत से ऐसा प्रेम रखा कि उसने अपना एकलौता पुत्र दे दिया, ताकि जो कोई उस पर विश्वास करे, वह नाश न हो, परन्तु अनन्त जीवन पाए।*" (यूहन्ना 3:16)।

मुक्ति की प्रार्थना - इसे अभी कहो और इसका अर्थ समझो!

क्या आप अब तक पढ़ी गई हर बात से सहमत हैं? अगर आप सहमत हैं, तो यीशु मसीह में अपना नया जीवन शुरू करने के लिए एक पल भी इंतज़ार न करें। याद रखें, यह प्रार्थना कोई जादुई फ़ॉर्मूला नहीं है। आप बस अपने दिल की बात भगवान से कह रहे हैं। हमारे साथ यह प्रार्थना करें:

"पिता, मैं जानता हूँ कि मैंने आपके नियमों को तोड़ा है और मेरे पापों ने मुझे आपसे अलग कर दिया है। मैं सच में क्षमा चाहता हूँ, और अब मैं अपने पिछले पापपूर्ण जीवन से दूर होकर आपकी ओर मुड़ना चाहता हूँ। कृपया मुझे क्षमा करें, और मुझे फिर से पाप करने से बचने में मदद करें। मेरा मानना है कि आपका पुत्र, यीशु मसीह मेरे पापों के लिए मरा, मृतकों में से पुनर्जीवित हुआ, जीवित है, और मेरी प्रार्थना सुनता है। मैं यीशु को अपने जीवन का प्रभु बनने, आज से मेरे दिल में शासन करने और राज करने के लिए आमंत्रित करता हूँ। कृपया मुझे आपकी आज्ञा मानने और अपने शेष जीवन में आपकी इच्छा पूरी करने में मदद करने के लिए अपनी पवित्र आत्मा भेजें। यीशु के नाम में मैं प्रार्थना करता हूँ, आमीन।"

उद्धार की प्रार्थना - मैंने यह प्रार्थना की है; अब क्या?

यदि आपने उद्धार की यह प्रार्थना सच्चे विश्वास और हृदय से की है, तो आप अब यीशु के अनुयायी हैं। यह एक तथ्य है, चाहे आप कुछ अलग महसूस करें या न करें। धार्मिक प्रणालियों ने आपको यह विश्वास दिलाया होगा कि आपको कुछ महसूस करना चाहिए - एक गर्म चमक, एक झुनझुनी, या कोई अन्य रहस्यमय अनुभव। तथ्य यह है कि, आप ऐसा कर सकते हैं या नहीं भी कर सकते हैं। यदि आपने उद्धार की प्रार्थना की है और इसे गंभीरता से लिया है, तो आप अब यीशु के अनुयायी हैं। बाइबल हमें बताती है कि आपका शाश्वत उद्धार सुरक्षित है! " *कि यदि तुम अपने मुँह से प्रभु यीशु को स्वीकार करो और अपने हृदय से विश्वास करो कि परमेश्वर ने उसे मरे हुओं में से जिलाया है, तो तुम बच जाओगे*" (रोमियों 10:9)।

परमेश्वर के परिवार में आपका स्वागत है! हम आपको अब एक स्थानीय चर्च खोजने के लिए प्रोत्साहित करते हैं जहाँ आप बपतिस्मा ले सकते हैं और परमेश्वर के वचन, बाइबल के माध्यम से उसके ज्ञान में बढ़ सकते हैं।

आप हमारी साइट www.otakada.org पर भी जा सकते हैं जो आपको मसीह में विकसित होने और बढ़ने में मदद करेगी।

डिस्कवरी बाइबल अध्ययन में इस लिंक का उपयोग करके स्वयं यीशु की खोज करें।

https://www.otakada.org/dbs-dmm/

40 दिन की शिष्यता यात्रा

https://www.otakada.org/get-free-40-days-online-discipleship-course-in-a-journey-with-jesus/ के माध्यम से अपनी गति से 40-दिवसीय यात्रा ऑनलाइन शुरू कर सकते हैं

या

आज ही यीशु के साथ व्यक्तिगत शिष्यत्व के सन्दूक में शामिल हों:

टेलीग्राम चैनल

https://t.me/holyghostschooldiscipleship

व्हाट्सएप चैनल

https://whatsapp.com/channel/0029VaV4S1nL7UVSD6UDVD36

यदि आपको मार्गदर्शन की आवश्यकता हो तो info@otakada.org पर ईमेल भेजें
प्रभु आपके जीवन को विस्तृत करें और आपको आनंद, शांति, प्रेम और सद्भाव से भर दें जो केवल वही दे सकता है, आमीन

शालोम!

Otakada.org टीम

www.ingramcontent.com/pod-product-compliance
Lightning Source LLC
LaVergne TN
LVHW010812051026
849532LV00007B/2521
* 9 7 9 8 3 4 9 6 6 8 5 9 3 *